헌법재판 이야기

차례

Contents

헌법재판이란 무엇인가

헌법재판의 의미

헌법 조문을 읽어본 적 있는가? 제헌절에 아무 생각 없이 나들이 가지는 않았는가? 대한민국이라는 국가가 없다면 나의 인생은 어떤 모습일지 생각해본 적이 있는가? 우리 국민들은 의외로 헌법에 대해 잘 모르거나 오해하고 있는 경우가 많다. 그것은 우리 헌법이 실제 생활에서 규범으로서의 제 역할을 하지 못했다는 의미이다. 반대로 국민이 국가의 주인으로 제 역할을 못했다는 의미이기도 하다. 이제 헌법과 헌법재판에 대해서 알아보는 것은 민주국가 시민으로서 의미 있는 일이 될 것이다.

헌법은 한 국가의 통치질서를 개략적으로 기술해 놓은 기본법으로, 그 나라에서 가장 높은 효력을 가진다. 그러나 헌법은 강제력이 거의 없는 것이 특징이다. 사람들이 가장 싫어하는 법적 제재는 형벌, 그중에서도 사형이라 할 수 있다. 형벌이 가해지는 한 싫어도 일단 법을 지킬 수밖에 없다. 그러나 헌법은 그러한 강제집행 절차가 매우 미약하다. 헌법의 입장에서 보면 국민과 국가기관이 스스로 헌법을 존중하고 지키지 않는다면 달리 뾰족한 수가 없다. 따라서 헌법은 스스로 너무 앞서 가지 않고 시대에 맞게, 국민과 국가기관이 별 무리 없이 긍정할 만큼만 좋은 내용을 가지고 있어야 한다.

예를 들어 남의 돈을 훔치거나, 또는 남의 돈을 빌려 쓰고 안 갚는다고 하자. 그런 경우 형법에 의하여 교도소에 가거나 민사재판을 통하여 꾼 돈을 강제로 갚아야 한다. 그러나 헌법은 위반해도 별다른 제재를 받지 않는다. 대통령이나 국회의원이 아닌 보통 시민이라면 직접 헌법을 위반하기도 쉽지 않다. 직접적이고 구체적인 규정이 없기 때문이다. 민법이나 형법 같은 법률로 구체화된 경우에만 그 법률에 의하여 간접적으로 강제될 뿐이다.

강제력이 미약해도 사람들이 (헌)법질서를 긍정하고 스스로 여기에 편입하려고 하는 이유는 뭘까? 그것은 헌법을 비롯한 법질서가 자기를 보호해 주기 때문이다. 예를 들어 헌법과 형법에 의하여 신체의 자유가 보호되지 않는다면 어떻게 될까? 거리에서 아무나 나를 때리고 가두고 죽인다고 해도 법이 나를 보호하지 않는다면, 어떻게든 나를 보호해줄 다른 나라로 도망가야 할 것이다.

헌법은 매우 추상적이고 포괄적으로 규정되어 있다. 전문前文과 본문 130개 조, 그리고 부칙附則 6개 조가 우리 국가와 사회의 모든 부분을 다 포괄하여 규정하고 있다. 따라서 구체적 사건과 문제에 부딪히면 추상적인 조문의 구체화가 필요하다. 실제로 헌법은 법률의 제정이나 재판 등을 통해 구체화된다. 이 과정에서 헌법의 진정한 의미를 밝히고 헌법을 수호할 현실적 필요가 있는데, 이를 위해 바로 헌법재판이 존재하는 것이다. 즉, 헌법을 가꾸어 나가고 헌법에 모순되는 질서를 바로잡는 제도가 헌법재판(헌법소송)이며, 우리나라에서는 헌법재판소가 그 일을 담당하고 있다.

그러면 헌법재판이란 구체적으로 무엇인가? 헌법재판은 헌법 사항 또는 헌법 생활의 문제에 관한 재판을 의미한다. 헌법재판에는 위헌법률심판·탄핵심판·정당해산심판·권한쟁의심판·헌법소원심판 등이 있으며, 넓은 의미로는 선거소송도 포함된다. 우리 헌법재판소는 앞의 다섯 가지 헌법재판을 담당하고 있으며, 선거소송은 대법원과 고등법원이 담당하고 있다. 물론 헌법재판을 담당하는 기관은 국가에 따라 다양하다. 첫째, 일반 재판을 담당하는 법원이 헌법재판도 담당하는 경우가 있다. 미국과 일본 등이 여기에 속하고, 우리나라의 경우 제3공화국(1962년 헌법) 당시에 이 방식을 택한 바 있다. 둘째, 일반적으로 헌법재판소라고 부르는 독립 기관을 두는 방식인데, 독일과 오스트리아, 현재의 우리나라 등이 이 유형에 속한다. 셋째, 독립 기관에서 헌법재판을 담당하지만 헌법재판소나 법원이라고 하기 어려운 형태가 있는데 프랑스·그리스 등이 여기에 속한다. 프랑스 헌법평의회(그래서 Conseil constitutionnel을 헌법재판소라 번역하지 않는다)의 경우 전직 대통령이 당연직 위원이 되며, 위헌 법률의 심사가 법률의 공포 이전에 이루어진다는 점에서 우리나라의 헌법재판소와는 다르다. 이 유형을 정치 기관형이라 부른다.

일반 재판과의 구분

헌법재판소도 법원인가? 이 책의 제목으로 삼으려고 했던 질문인데, 정답은 '그렇다'이다. 그런데 사람에 따라서 '아니오'를 정답이라고도 한다. 그렇다면 이도 저도 아닌가? 그렇지는 않다. 이는 O/X로 물어보고 하나의 정답을 고를 때 오는 착오일 뿐이며 헌법재판소와 법원 사이의 비슷한 점과 다른 점에 대해서는 별로 논란이 없다. 그 특징에 대해서 하나씩 살펴보기로 한다.

헌법재판과 일반 재판과의 관계는 담당 기관을 기준으로 보면 헌법재판소와 (대)법원의 관계다. 이때 헌법재판을 사법의 일종으로 보거나 제4의 국가 작용으로 보는 입장이 있는데, 구체적으로 다음과 같은 문제점들이 있다.

사법부 장章 안에 헌법재판소와 연방 대법원을 모두 규정한 독일 기본법(Grundrecht를 직역한 것인데, 독일은 분단 후의 특수한 사정으로 임시적이라는 의미에서 헌법에 해당하는 Verfassung이라는 말 대신 Grundrecht, 즉 기본법이라고 불러왔다)과 달리 우리 헌법은 헌법재판소를 제6장에, 법원은 제5장에 각각 규정하여 서로 다른 장에 두었다. 이에 따라 헌법재판소와 대법원의 성격과 위상이 논란이 되어 왔다. 우리 법체계상 헌법재판소와 대법원은 형식적으로는 동격이다. 의전儀典상 헌법재판소장은 대법원장과, 헌법재판소 재판관은 대법관과 같은 대우를 받는다(헌재법 §15). 물론 헌법체계 아래서 실질적인 역할은 서로 다르며, 따라서 누가 높은가를 따질 필요는 없다. 즉 헌법재판소는 헌법심憲法審을, 대법원은 법률심法律審, 부수적으로는 사실심事實審을 담당하고 있으며, 상호 보완적으로 국민의 기본권과 권리를 보호하고 있다.

다만 현행 헌법개정 시(1987) 독일식 독립 기관형인 헌법재판소를 규정하면서, 명령·규칙·처분의 위법성에 대한 최종적 심사권을 대법원에 주는 규정(헌법 §107②)을 그대로 두고 있어서 해석이 어려운 문제를 낳고 있다. 또 헌법재판소법 제68조 제1항과 제2항에 따른 대법원과의 기능 배분 문제, 법원이 재판을 지연할 때 헌법재판소의 통제가 가능한가, 또는 헌법재판소의 변형 결정이 법원을 구속하는지의 문제 등이 있다. 이들 문제에 대해서는 앞으로 자세히 살펴보게 된다.

헌법재판이 일반 재판, 즉 일반 민·형사재판과 가장 다른 점은 재판의 효과가 미치는 범위이다. 즉, 민·형사재판의 경우 재판의 결과는 당사자, 즉 재판의 원고와 피고(형사재판의 경우 검사와 피고인)에게만 미치고 재판을 담당한 법원을 구속한다. 이에 비해서 헌법재판은 그 결과가 당사자뿐만 아니라 일반 법원과 다른 국가기관 그리고 국민 전체를 구속한다. 즉, 헌법재판에는 일반적 효과(대세적 효력)가 있다. 예컨대 어떤 법률이 위헌법률심판에서 위헌으로 결정되면 그 법률이 폐지되는데, 기본권이 침해되었던 그 사건의 당사자뿐만 아니라 일반 국민에게도 법률 폐지(또는 새로운 입법)의 효과가 생긴다. 이러한 성질 때문에 헌법재판의 성격을 객관소송이라고 한다. 헌법재판소 스스로 헌법재판의 기능은 "헌법질서의 수호·유지, 불분명한 헌법 문제의 해명"이라고 규정하고 있다. 개인의 권리 구제는 오히려 이 과정에서 부수적으로 다루어진다. 헌법재판의 기능과 한계를 좀 더 자세히 살펴보자.

헌법재판의 기능과 한계

헌법재판은 왜 필요한가? 앞서 본 대로 헌법재판은 헌법의 실현 작용이다. 모든 국민의 뜻(기본적 합의)에 따라 만들어진 헌법을 국민의 실제 생활에서 실현한다는 것은 사회 통합을 위해 필수적이다. 헌법재판은 구체적으로 다음과 같은 기능을 함으로써 공동체(국가와 사회를 포괄하여 부르는 말)를 하나로 통합하게 된다.

첫째, 헌법재판은 헌법을 수호한다. 헌법은 직접 효력을 가지는 법으로서, 입법·행정·사법을 구속한다(독일 기본법 §1③, §20③ 참조). 그러나 현실에서는 헌법이 지켜지지 않는 경우가 발생한다. 헌법재판은 헌법이 지켜지지 않는 상황을 미리 막아주거나 사후에 회복시키는 역할을 한다. 위헌법률심판이나 헌법소원심판을 통한 규범통제(하위법이 상위법에 위배되는지를 심사하여 통제하는 것)를 비롯하여, 위헌정당해산심판·권한쟁의심판·탄핵심판 등 모든 헌법재판이 이러한 역할을 수행한다.

둘째, 헌법재판은 국민의 기본권을 지켜준다. 국민의 기본권 보장은 국민주권주의를 표방하는 현대 헌법의 존재 이유라 할 수 있으며, 이를 위해서 헌법재판이 필수적이다. 즉, 헌법소원심판이나 규범통제를 통하여 국가권력이 국민의 기본권에 구속되게 하고 절차적으로 정당성을 확보해준다. 헌법은 강제집행력이 다른 법에 비하여 떨어질 수밖에 없지만, 헌법재판을 통하여 어느 정도의 강제성은 확보한다.

셋째, 헌법재판은 권력분립의 차원에서 통치를 위한 구성 원리로 기능한다. 즉, 정당제도의 발달로 전통적인 삼권분립이 무의미해진 현대에 있어서 권력의 행사를 헌법질서와 조화롭도록 하는 장치가 헌법재판이다. 예컨대 위헌법률심판에 의하여 어떤 법률이 효력을 상실하는 경우 의회 다수의 의사가 번복되고 소수의 의사가 반영되는 결과가 된다. 물론 그것이 헌법에 표현된 전체 국민의 의사를 반영한 것이라고 생각될 때에만 정당하다.

넷째, 헌법재판은 정치적 평화를 보장한다. 헌법 위반의 경우 대개 정치적 분쟁을 일으키는데, 헌법재판은 그러한 정치적 분쟁을 법적 분쟁으로 순화시킴으로써 극단적인 정치투쟁을 막는다. 이로써 헌법 생활의 안정화·합리화에 도움을 준다.

그러나 이런 기능을 하는 헌법재판에도 제한은 있다. 헌법재판은 다른 국가기관의 기능과의 관계에서 한계를 가지는데 이에 대하여 차례로 살펴보자.

우선 헌법재판과 일반 재판과의 관계는 앞의 설명으로 대신한다. 다음으로 국회와의 관계를 살펴보자. 헌법재판소는 위헌법률심판·헌법소원심판, 그리고 권한쟁의심판 등을 통하여 국회를 폭넓게 통제할 수 있다. 다만 국회는 입법자이므로 헌법재판소는 국회의 입법권을 존중해야 한다. 물론 국회의 입법권(입법 형성의 자유)의 범위는 그 대상 영역과 관계된 권리에 따라 다르다. 우리 헌법재판소도 법률의 위헌 여부 판단에 있어서 보통 입법자에게 폭넓게 주어지는 입법 형성의 자유 내지는 입법 재량을 대체로 존중해 왔다. 공동체 내의 다양한 이해 대립을 법적으로 해소할 일차적인 임무를 지는 것은 공개적인 토론과 타협을 통해 정치적 결정을 내리는 민주적으로 정당화된 의회이지, 사법적 통제기관인 헌법재판소가 아니다. 헌법재판소는 입법부와는 달리 사후적이며, 사건 중심적이고, 통제적인 역할을 할 뿐이다. "품질검사는 결코 생산이 아니다."라고 비유되기도 한다.

행정부의 경우 법률에 따라 행정이 이루어지므로 입법부를 통제함에 따라 간접적으로 통제되기도 하지만, 헌법소원심판과 권한쟁의심판 등에 의해서 헌법재판소의 통제를 받게 된다. 행정부의 행정작용 중 행정행위(처분: 구체적 법 집행 행위)는 일반 법원의 통제를 받는데, 헌법소원심판의 대상에서 법원의 재판을 제외했기 때문에 헌법재판소에 의한 직접통제의 범위는 좁은 편이다. 한편 행정입법(대통령령·부령 등의 제정)의 경우 규범통제의 일부로서 통제의 대상이 된다.

헌법재판은 어떻게 시작되었나?

미국에서 시작된 위헌법률심판(마베리 대 매디슨 사건, 1803년)

이러한 헌법재판은 어떻게 성립하였을까? 우연히 생겼을까, 아니면 누군가가 고안해 냈을까? 두 가지 모두 정답이다. 헌법 재판의 유래를 살펴보는 것은 그 성격을 이해하는 데 매우 의미 있는 일이다. 그러려면 근대 민주주의의 성립 배경부터 설명해야 한다.

세계적으로 근대적 의미의 민주주의가 성립한 것은 17세기의 영국, 18세기의 미국과 프랑스에서부터이다. 이즈음의 경제는 산업혁명의 결과로 농업에서 상공업 중심으로, 자급자족에서 대량생산과 유통으로 발전하였다. 이 과정에서 생겨난 신흥

자본가 계층이 영국의 명예혁명이나 미국의 독립전쟁 또는 프랑스대혁명 등의 시민혁명을 통하여 권력의 전면에 나서게 되었고 근대 입헌주의가 시작되었다. 이에 따라 기본권이 법적으로 보장되기 시작했다. 물론 이러한 과정은 수많은 사건들을 거치면서 확립된 것이며, 일시적으로는 후퇴나 답보 상태도 있었다. 그러나 결국 시대는 국민이 주인이 되는 민주주의로 흘러왔다.

그 일련의 과정에서 국가권력에 의한 국민의 기본권 침해가 문제시되면서 국가 작용에 대한 견제의 필요성이 제기되었다. 바로 권력분립이 대표적 제도이다. 또 그 연장선상에서 헌법재판이 탄생하였다. 현대적 의미의 헌법재판은 미국에서 처음 시작되었다. 즉, 1803년 마베리 대 매디슨Marbury v. Madison 사건에서 당시 연방대법원장인 존 마셜John Marshall은 연방대법원의 위헌심사권(법률이 헌법에 위반되는지 판단할 권한)을 주장하여 위헌 판결을 내린 바 있다. 그 사건의 진행은 다음과 같다.

1800년의 선거에서 제퍼슨T. Jefferson의 추종자들인 소위 공화파(Jeffersons 또는 Republicans)가 승리를 거두고 1801년 2월 제퍼슨이 대통령에 당선되었다. 이에 정권을 내놓아야 했던 연방파(Federalist)는 새 대통령의 취임 전에 사법부를 장악하려고 시도하였다. 즉, 연방파가 장악하고 있던 의회는 법원조직법(The Judiciary Act of 1801)을 개정하여 대법관의 연방순회항소법원의 순회임무를 폐지하는 대신 16인의 연방순회항소법원 판사를 새로 임명하도록 하는 한편, 대법관의 정원을 6인에서 5인으로 감축하였다. 이것은 새 대통령의 대법관 임명 기회를 박탈하기 위한 것이었다. 이어 당시 애덤스John Adams 대통령은 국무장관이던 마셜을 공석 중이던 대법원장에 임명함과 아울러 새로운 항소법원 판사들도 자파 인물들로 임명하였다. 또한 임기를 일주일 남기고 의회가 제정한 컬럼비아 지구 조직법에 따라 컬럼비아 지구에 신설된 42개 치안 판사직도 자파 인물로 임명하였다.

이에 대하여 공화파들은 1801년 3월 4일 제퍼슨이 제3대 대통령으로 취임한 뒤 반격을 개시하여, 1802년 3월 31일 위의 법원조직법을 하원에서 폐지하였다. 또한 연방파 판사들에 대한 추방 계획을 실행, 1803년 1월 펜실베이니아 주 법원의 애디슨Addison 판사를 주 의회를 통해 탄핵하는 데 성공하였다. 또 1803년 2월 제퍼슨은 뉴햄프셔 연방지방법원의 피커링 Pickering 판사에 대한 탄핵을 요구하는 교서를 하원에 제출하여 1804년 3월 상원에서 그가 파면되도록 하였다.

마베리 대 매디슨 사건의 원고 마베리W. Marbury는 애덤스 대통령이 그 임기 마지막 순간에 서둘러 임명한 컬럼비아 지구의 치안 판사들 중 한 명이었다. 이들은 애덤스의 임기 마지막 날 상원에서 인준을 받았다. 하지만 애덤스 대통령과 대법원장을 겸하고 있던 마셜 국무장관이 서명한 임명장을 교부받지 못한 상태에서 신임 제퍼슨 대통령의 임기가 시작되었고, 새 대통령은 아직 전달하지 않은 임명장을 무효로 처리하였다. 이에 1801년 12월 마베리 등 4인은 당시 국무장관 매디슨을 상대로 임명장을 전달받기 위한 집행 영장(Writ of Mandamus) 발부 청구의 소訴를 대법원에 제기하였다.

이에 대법원장 마셜은 딜레마에 빠지게 되었다. 즉, 청구를 인용할 경우 행정부가 이를 무시할 것이고 결국 대법원의 권위가 떨어지게 되며, 청구를 기각할 경우 공화파의 공격에 굴복하는 결과가 되기 때문이었다. 고민 끝에 마셜은 다음과 같은 사법심사 이론을 전개하기에 이르렀다.

우선 이 소송의 논점은 세 가지로 요약된다. 첫째, 원고는 그가 주장하는 임명장을 구할 권리가 있는가? 둘째, 그에게 권리가 있고, 그 권리가 침해되었다면 법률은 그 구제를 허용하여야 하는가? 셋째, 법률이 그 구제를 허용할 경우 대법원은 집행 영장을 발부할 수 있는가?

이러한 논점 중 첫째와 둘째를 긍정한 후 셋째 문제는 영장의 성질과 대법원의 권한에 의하여 결정될 것이라고 하면서 다음과 같은 논리를 전개하였다. 청구권원(원고인 마베리의 주장 근거)의 발생 근거인 1789년에 제정한 법원조직법 제13조가 이러한 사건의 원심 관할권을 대법원의 권한으로 인정한 것은, 미국 헌법이 대법원의 원심 관할권으로 인정한 헌법 제3조 제2항에 해당되지 않으므로(즉, 헌법이 열거한 권한 이외의 권한을 헌법보다 하위인 법률에서 만들어 줄 수는 없는 것이므로) 이는 위헌이라 할 수 있다. 따라서 헌법과 법률이 충돌하는 경우 법원은 최고법인 헌법에 따라 재판해야 하므로 원고들의 청구는 이유가 없다.

마셜은 이렇게 함으로써 자기파를 패소케 하였으나 대법원이 법률의 위헌 여부를 판단할 수 있도록 함으로써 입법부·행정부에 대하여 우위를 확보할 수 있게 하였고, 그 과정에서 사법심사제도가 생겨난 것이다. 2000년 미국 대통령 선거에서 조지 부시와 앨 고어 후보 간의 치열한 접전과 이에 따른 유효표 논쟁을 결국 사법부의 판단에 따라 종식시킨 것을 보면 미국 사법부의 권위를 쉽게 이해할 수 있다.

오스트리아와 독일에서의 발전

헌법재판의 역사는 미국에서 비롯되었지만 이론적으로는 영국에까지 거슬러 올라간다. 일찍이 영국의 코크E. Coke 판사에 의해 다음과 같은 이론이 전개되었다. 첫째, 법관의 기능은 구체적 사건에 법을 적용하기 위하여 법을 해석하는 데 있다. 둘째, 두 가지 법이 서로 모순될 때 법관은 그중 우위에 있는 법을 적용하여야 한다. 셋째, 두 가지 법의 규범력이 동등한 경우, 신법 우선의 원칙과 특별법 우선의 원칙에 따른다. 넷째, 두 가지 법이 서로 다른 규범력을 가지고 있는 경우 상위법이 우선하며, 법률보다 개정 절차가 어려운 헌법인 경성헌법은 그것과 모순되는 모든 일반 법률보다 우선한다. 다섯째, 따라서 일반 법률이 헌법과 모순될 때 법관은 일반 법률을 무시하고 헌법을 적용해야 한다. 앞서 소개한 마셜의 논리도 이 범주에서 벗어나지 않는다. 그러나 영국의 경우 성문헌법이 없으므로 헌법재판이 실제로 구체화되지는 못하였다. 미국에서 현실화한 사법심사 이론은 이후 각국에서 채택되었다. 미국과 일본, 우리나라의 경우 제3공화국(1962년 헌법부터 1972년 헌법 제정 전까지) 때 이러한 형태, 즉 일반 법원에서 위헌법률심판이 이루어졌다. 탄핵심판의 경우 별도의 기관에서 행한다.

한편 일반 법원과는 별도로 구성된 헌법재판소가 헌법재판을 담당하는 경우가 있다. 헌법재판권의 집중 여부에 따른 분류에서는 집중형集中型이라고 한다. 이런 유형의 헌법재판은 1920년 오스트리아 헌법에서 처음 행해진 것으로 알려져 있다. 이것은 1929년 일부 보완 후, 1934년 나치스의 등장으로 폐지되었다가 제2차세계대전 이후 부활되었다. 따라서 오스트리아형이라고도 하고, 독일이 이를 도입하여 발전시켰으므로 독일형이라고도 한다. 제2차세계대전 이후 과거의 불법적 권력에 대한 헌법적 통제와 정의의 확보 차원에서 1948년 이탈리아 헌법과 1949년 독일 헌법이 헌법재판소를 설치한 이래 1960년 키프로스 헌법, 1961년 터키 헌법, 1963년 유고슬라비아 헌법 등이 헌법재판소를 설치하고 있다. 태국 헌법재판소의 경우 총선을 통해 집권당이 된 탁신 주도의 연립 3당에 대하여 부정선거를 이유로 2008년 해산 명령을 내렸고 그것이 2010년의 대규모 반정부 시위로 이어졌을 만큼 헌법재판소가 정국 추이의 중심에 서 있다. 최근에는 동구권뿐만 아니라 라틴아메리카나 아프리카 등의 국가에서도 헌법재판소를 설치하는 것이 하나의 경향으로 되었을 만큼 현대 헌법에서 중요한 역할을 하고 있다.

우리나라의 헌법재판은 어떻게 변해왔나?

우리나라의 역대 헌법재판 제도

현재는 헌법재판소가 활발히 활동하고 있지만 해방 이후 여러 형태의 헌법재판이 실시되다가 현행 헌법에 이르러서야 지금의 헌법재판소가 설립되었다. 역대 헌법하에서의 헌법재판기관을 알아보자.

우선 제1공화국(1948~1960)은 헌법재판기관으로 헌법위원회를 두어 법률의 위헌 여부를 심사하게 하였다(당시 헌법 §82②). 헌법위원회는 부통령을 위원장으로 하고 대통령이 5인, 국회에서 5인을 선출하여 11명의 위원으로 구성하였는데 실제로 부통령과 대법원장을 비롯한 대법관과 국회의원으로 구성되었으므로, 일종의 정치 기관형으로 분류할 수 있다.

당시 헌법을 기초한 유진오의 증언에 따르면, 제헌 당시 (1948)에 위헌심판권을 법원에 두지 않은 것은 법원이 국회를 견제할 만큼 신뢰와 권위가 없었기 때문이며, 따라서 독립성이 보장된 헌법위원회를 두게 된 것이라고 한다. 당시 판사들은 일제강점기부터 판사를 하던 사람들이므로 친일의 의심이 있기 때문이라는 의미이다.

1951년부터 1954년까지 7건의 위헌법률심사가 이루어져 2건의 위헌 결정(농지개혁법 §18①과 §24①, 1952.9.9, 4285헌위1; 비상사태 하의 범죄 처벌에 관한 특별조치법 §9, 1952. 9.9, 4285헌위2)을 내린 바 있다.

다음으로 제2공화국 헌법은 헌법재판소를 규정하였다. 그러나 1961년 4월 17일 헌법재판소법이 제정된 후 곧 5·16 쿠데타가 발생하였고 국가재건비상조치법 부칙 제5항에 의하여 효력이 정지되고 말았다. 이어 1964년 12월 30일 헌법재판소법 폐지에 관한 법률에 의하여 헌법재판소법이 폐지되었다. 따라서 실제로 헌법재판소가 구성되지 않았다.

제3공화국 때는 미국식 사법심사제를 채택하여 위헌법률심판은 대법원이, 탄핵심판은 별도의 탄핵심판위원회가 담당하였다. 실제로 활동은 거의 없었고, 다만 1건의 위헌 판결(당시 국가배상법 제2조 제1항 단서와 법원조직법 제59조 제1항 단서에 관한 판결 1971.6.22, 70다1010)이 있었다. 이 결정으로 위헌 결정에 찬성한 대법관들이 모두 물러나게 되고 사법심사는 더 이상 이루어지지 않았다.

제4·5공화국 때에는 헌법재판기관으로 헌법위원회가 있었다. 당시의 헌법위원회는 휴면기관화休眠機關化하여, 이 기간 동안(1973.2.16~1988.8.31)에는 단 한 건의 접수나 처리도 없었다. 그 원인으로 여러 가지 비민주적인 정치 상황을 들 수 있다. 이러한 상황이 반영되어 헌법위원회 관련 법 규정도 활성화되지 못했다. 현행 헌법재판소와 비교해 보면 쉽게 알 수 있는데 좀 더 자세히 살펴보자.

현행 헌법재판소가 활성화된 이유

현행 헌법(1987)에 와서 다시 헌법재판소가 규정되었으며, 1988년 9월 1일 헌법재판소법이 발효되었다. 그리고 1988년 9월 19일 재판관 9인을 임명하여 헌법재판소가 구성되었다. 따라서 헌법재판소 구성 이전의 공권력 행사에 대해서는 1988년 9월 19일부터 기산(심판 청구 기간을 따지기 위한 기간 계산의 시작)하여야 한다. 최초의 위헌 결정은 소송 촉진 등에 관한 특례법 제6조에 대한 위헌 심판(헌재 1989.1.25, 88헌가7)이었다.

지난 헌법상의 헌법위원회와 비교할 볼 때 현재와 같이 헌법재판이 활성화된 원인으로 다음과 같은 것들을 들 수 있다.

첫째, 무엇보다도 근본적인 원인으로 들 수 있는 것이 정치의 민주화와 국민의 기본권 의식의 향상이다. 1980년대의 구호인 문민정부의 수립과 1990년대의 구호인 수평적 정권교체가

20 헌법재판 이야기

이루어지면서 국민의 기본권 의식이 향상되었다. 이에 따라 헌법재판소가 많은 역할을 하게 되었다.

둘째, 위헌법률심판의 경우 과거의 헌법위원회는 대법원만이 제청권을 가졌으나, 현행 헌법재판 제도하에서는 위헌 제청의 경우 대법원을 경유하지만 대법원이 이를 막을 수는 없게 되었다. 또한 헌법재판소법 제68조 제2항에 따라 법원이 위헌법률심판 제청을 하지 않아도 헌법소원심판의 형태로 규범통제가 이루어지게 되었다. 따라서 헌법 의식이 비교적 뚜렷한 젊은 법관들에 의한 위헌 제청이 많아졌고, 이것이 헌법재판의 활성화에 큰 역할을 하였다. 자세한 것은 뒤에 설명한다.

셋째, 과거의 헌법위원이 모두 비상임이었던 데 비해서 현행 제도하에서는 처음에 재판관 9인 중 6인만 상임이었다가, 1991년 11월 30일의 법률 개정으로 9인이 전원 상임이 되었다. 재판관은 국무위원급(장관급)이며, 비서관(4급), 비서(7급), 직원(9급), 운전기사(9급)가 있고 연구관 등의 연구진 5~6인의 보좌를 받게 된다. 이 많은 인원들과 사무실, 장비들이 주어지는데 아무 일 없이 놀면서 월급만 받는다고 생각해 보라. 얼마나 갑갑할까? 그래서 상임 재판관의 경우 스스로 할 일을 찾게 되었고, 그 결과 판례의 형성을 통하여 헌법재판의 활성화 내지는 기능의 확대가 이루어졌다.

넷째, 헌법재판 중 유일하게 국민이 신청할 수 있는 헌법소원 제도의 도입을 들 수 있다. 도입 당시 이 제도는 그 실체가 잘 알려지지 않은 상태였고 대법원과의 권한 다툼 때문에 부분적으로 미흡한 상태였다. 그러나 결과적으로 헌법재판의 양적 팽창을 불러왔고, 이것이 헌법재판 제도의 활성화에 결정적 역할을 하였다고 생각된다.

헌법재판소 청사 이야기

여기서는 헌법재판소의 건물을 중심으로 이야기해 보자. 1988년 9월 헌법재판소가 처음 창립되었을 때는 옛 헌법위원회가 빌려서 사용하던 서울 중구 정동의 정동빌딩 내 사무실을 사용하였다. 그러다가 같은 해 12월 29일부터는 서울 중구 을지로 5가에 있는 구 사대부고의 건물을 임시 청사로 사용하였고, 그 후 1993년 재동에 현재의 건물을 지어 이전하였다.

재동의 옛 이름은 잿골이다. 1453년 계유정난 때 한명회가 작성한 생사부에 따라 입궐하는 사람들을 무참히 때려죽였는데, 그때 흘러내린 피를 덮기 위해 재를 뿌렸다는 고사에서 유래하는 이름이다.

현재의 헌법재판소 터는 조선 말기 좌의정을 지낸 박규수 선생의 저택이었고(1807~1876), 다시 우리나라 최초의 서양식 종합병원인 광혜원이 자리했다가(1885~1887), 그 후 경기여고(1910~1945), 창덕여고(1949~1989)가 있던 곳이다. 울타리 옆에는 윤보선 전 대통령의 집이 있다. 이 집은 널찍한 한옥으로 지금까지 잘 보존되어 있는데, 이 집뿐 아니라 재동과 계동의 옛 한옥들은 많이 보존되어 있다. 뒤편으로 인왕산이 바라다 보이고, 걸어서 갈 만한 거리에 인사동이 있으며, 또 창덕궁과 경복궁, 청와대 등과도 가깝다. 이곳들을 하나로 묶어 결정 선고가 있는 날 하루 일정으로 돌아보면 적당하다.

헌법재판소 구내에는 천연기념물 제8호로 지정된 600년 수령의 재동 백송이 유명하다. 모양은 보통 소나무와 비슷한데 나무껍질색이 희다. 헌법재판소 건립과 더불어 더욱 잘 보존되었다고 평가된다.

총공사비 209억여 원, 연면적 5,829평에 이르는 현재의 건물은 착공 2년여 만인 1993년 6월 1일에 준공되었는데, 대리석과 목재의 적절한 조화, 동·서양 건축양식이 잘 어우러진 건물로 평가되어 1993년 제2회 한국건축문화대상을 수상하였다. 당시 건축학회의 심사평에 따르면 "헌법 수호의 최고 기관에 걸맞게 중후한 분위기로 위엄을 살리는 한편 두루 상징성이 돋보이도록 하였고, 내부는 섬세하고 부드럽게 표현하여 친근감을 줌으로써 전통과 현대 그리고 주변 환경과의 조화를 살렸으며 더할 나위 없는 완벽한 시공으로 이 시대를 상징할 만한 역사적 건축물로서 후손들에게 물려줄 만한 귀중한 건축문화유산을 창출하였다."고 한다(이상 헌법재판소 청사 건립지, 1994에서 발췌).

건물 안에는 중앙 홀을 중심으로 대심판정과 소심판정, 그리고 대강당이 있다. 중앙 홀에는 헌법 수호자의 상(조각)이 서 있어서 헌법재판소다운 분위기를 자아낸다. 중앙 홀의 입구 정면의 화강암 벽면에는 "모든 국민은 인간으로서의 존엄과 가치를 가지며……"로 시작되는 헌법 제10조가 새겨져 있다. 1층엔 심판과 등이 있고, 2, 3층에는 재판관 집무실, 연구관 등의 집무실이 있고, 4층에는 도서실이 있다.

건축이 완공될 즈음 필자가 헌법재판소에 근무하기 시작하였다. 그때 있었던 일화를 한 토막 소개한다. 당시는 김영삼 정부가 '작은 정부'를 지향하고 있어서 장관들의 집무실(부속실 포함)을 30평으로 모두 줄이도록 하였다. 그러나 이미 건축이 진행되던 터라 헌법재판소는 그 방침에 따를 것인가로 적잖이 고민하였다. 결국 헌법재판소는 독립된 헌법기관으로 정부를 통제하여야 할 임무가 있으니 눈치 보지 말자는 의견이 우세하여, 집무실 겸 접견실, 부속실, 연구실 등을 합쳐 50여 평으로 그냥 진행하게 되었다. 현재도 헌법재판소의 전체 직원 수는 약 200명 정도로, 건물의 평수나 시설 면에서 근무 여건이 매우 좋다고 평가된다. 청와대보다도 더 좋은 것 아니냐는 타 기관 근무자의 시샘어린 얘기도 있다.

또 헌법재판소장 공관(살림집)을 새로 지으려고 예산을 요청하였다가, 당시 이른바 '안가(안전가옥) 철거'가 진행 중이던 터라 그중 한 채를 남겨서 그냥 사용하기로 하였다. 청와대 옆에 있는 소장 공관은 그래서 '살아남은' 안가 중 한 개이다. 구내가 아주 넓고 사방의 전망이 매우 좋았던 기억이 난다. 더 자세한 내용의 소개는 사생활 침해가 될 것 같아 생략한다.

헌법재판소의 구성과 헌법재판의 절차

재판관의 선출과 임기 그리고 정년

헌법재판은 9인의 재판관이 행한다. 재판관은 대통령이 3인, 국회에서 3인, 대법원장이 지명하는 3인으로 구성되며, 형식적으로는 대통령이 모두 임명한다. 이 중에서 대통령이 헌법재판소장을 지명하는데, 관례상 대통령이 지명하는 재판관 중 한 사람을 소장으로 임명한다. 이러한 구성 방식은 전통적인 삼권분립의 의미를 반영한 것으로 보인다. 그러나 현대에 와서 정당제도의 발달로 말미암아 18·19세기에 적용되던 삼권분립은 무의미해졌으며, 집권당을 중심으로 한 권력융합이 불가피한 현상이라는 점을 고려하면 다시 생각해 보아야 할 것이다. 현재의 임명 방식에 따르면 대통령이 스스로 3인을 지명할 수 있으며, 대통령이 소속한 집권당(여당)이 국회의 다수당인 경우 국회 선출 3인 중 많게는 2인까지 대통령의 의중대로 지명할 수 있을 것이다. 실제로 제2기 재판관 임명 당시(1994) 거대 여당이던 신한국당이 두 명을 지명한 전례가 있다. 대법원장이 지명하는 3인은 어떨까? 대법원장은 국회의 동의를 얻어서 대통령이 임명하므로 간접적으로 대통령의 의사가 반영될 수 있다. 실제로 지명하는 과정에서 대통령이 구체적으로 의사를 밝히지는 않더라도 대통령과 성향이 비슷한 사람이 지명될 가능성이 높다. 결과적으로 적게는 4인 많게는 8인이 대통령의 의사대로 구성되거나, 적어도 대통령과 성향이 비슷한 사람으로 헌법재판소가 구성될 수 있는 것이다.

이것은 국민의 성향을 왜곡하여 반영하므로 적절하지 않은 방식이다. 특히 대법원장이 지명하는 3인은 더욱 문제다. 실제로 국민의 기본권 보호의 양 날개인 두 기관의 관계를 생각해 볼 때, 대법원장이 헌법재판관 3인을 지명하는 것은 뭔가 어색하다. 물론 이러한 방식은 지난 헌법하에서는 의미가 있었다. 왜냐하면 그때에는 헌법위원회 위원이 전원 비상임이었으며, 그 중 3인을 대법관이 겸직했으므로 대법원장이 지명하는 것이 어쩌면 당연했기 때문이다. 그러나 현재 상호 독립적이며 모두 전임인 두 기관의 구성원을 한쪽의 장이 지명하는 것은 불합리하다. 참고로 독일의 경우에는 재판관 전원을 국회에서 의석 수에 비례하여 임명한다. 그렇게 하면 어느 정도 국민의 성향이 재판관 구성에 반영될 수 있을 것이다.

재판관의 임기는 6년이고 연임이 가능하다. 그런데 연임이 가능하기 때문에 그것을 의식한 판결이 나올 수도 있다. 초기에 연임이 가능했으나 후에 12년 단임제로 바꾼 독일의 사례가 우리에게 시사하는 바 크다. 헌법재판소는 아니지만 비슷한 역할을 포함하는 미국 연방대법원의 경우 대법관은 임기 없이 종신직이다. 그러나 종신제도 부작용이 있을 수 있다. 우리의 경우 실제로 연임이 된 경우는 있으나 그것이 판결에 영향을 주었는지 정확하게 분석하기는 어렵다. 또한 재판관의 정년은 65세, 소장의 정년은 70세이다. 그러나 정년제는 나이 때문에 직무수행을 계속하기 어렵다는 점을 고려해 일반적인 기준을 정해 놓는 것인데, 헌법재판소 재판관이나 소장의 경우 그때그때 심사해서 선출을 하므로 획일적으로 정해놓는 정년제는 없어도 무방하다고 생각된다.

실제로 다양한 재판관들이 임명되었는데 이를 분석해 보자. 제1기부터 제3기까지의 역대 재판관은 모두 29명이다(제4기인 현 재판관을 모두 포함하면 37명). 그중에서 임관 당시 변호사를 포함하여 법관출신이 25명으로 86.2%, 검사출신이 4명으로 13.8%를 차지했다. 출신 지역별로 보면 호남권이 9명으로 31%, 영남권이 8명으로 27.5%, 충청권이 7명으로 24.1%로 나타났다. 이밖에 서울이 3명으로 10.3%, 기타는 6.8%로 나타났다. 여성 1명을 제외하고 병역별로 보면 장교가 19명으로 67.9%, 사병이 4명으로 14.3%, 징집면제가 4명으로 14.3%,

기타(미확인)가 1명(3.6%)이다. 학교별로는 서울대가 20명으로 69.3%, 고려대가 3명으로 10.3%이다. 이런 분석 결과를 바탕으로 사회의 다양한 구성원이 헌법재판소의 재판관으로 임명되었는지 의문을 제기하는 사람도 많다.

심리·평의·선고

모든 헌법소송(헌법재판)은 사무국에서 접수한다. 접수된 사건은 궁극적으로 재판관 전원이 참여하는 전원재판부에서 심리하여 결정한다. 헌법소원심판의 경우 사전심사를 위하여 지정재판부가 구성되어 있다. 사전심사는 요건 심리를 말하는 것으로, 재판으로서 성립하는가를 판단하는 것이다. 모든 요건을 갖춘 경우에는 전원재판부로 넘겨서 내용적인 판단을 받게 된다. 3인씩 3개의 부가 구성되어 있는데, 3인 모두 요건에 하자가 있어서 심리하지 않기로 하면(각하 결정) 전원재판부에 회부하지 않고, 의견일치가 안 되면 전원재판부로 넘긴다. 전원재판부는 9인의 재판관 전원이 모여서 심판을 하는 일종의 회의이다. 행정적인 사항을 결정하기 위한 재판관 회의와 구성원은 같지만 법률상 역할은 다르다.

어떤 재판관이 사건의 당사자이거나, 친인척 관계에 있거나, 기타 관련이 있는 등 공정한 재판을 기대하기 어려운 경우에 그 재판관은 심판에서 제외된다. 법률 규정에 해당되거나 당사자의 신청 또는 재판관 본인의 판단에 의하여 제외된다. 이를 제척除斥·기피忌避·회피回避 제도라 한다. 이는 법원의 일반 재판에서도 마찬가지다.

한편 결정이 이루어지기까지는 많은 시간이 필요하므로 결정이 이루어지기 전에 회복하기 어려운 손해가 발생하는 경우도 있다. 그럴 경우 청구인에게 유리한 결정이 선고되어도 실제로는 별 도움이 안 된다. 이런 경우를 대비해서 임시적 조치를 취해놓을 수 있는데, 이를 가처분假處分이라 한다. 예컨대 사법시험 1차를 4회 응시한 자는 마지막 응시로부터 4년간 사법시험을 못 보게 하는 사법시험령 제4조 제3항에 대한 헌법소원심판에서 최종 결정을 하기 전에 일단 그 조항의 효력을 정지시키는, 즉 사법시험을 볼 수 있도록 가처분한 경우가 이에 해당한다(헌재 2000.12.8, 2000헌사471).

사건이 배당되면, 즉 주심 재판관(지정재판부)이 정해지면 주심 재판관과 함께 일하는 연구진(연구관·연구관보·연구원 등)이 관련 사항을 조사·연구한다. 이를 토대로 주심 재판관은 보고서를 작성하여 재판관들이 모여서 의논하는 평의에 보고한다. 평의에서는 재판관들이 서로의 의견을 개진하여 논의한다. 평의는 1회에 그치는 경우도 있지만 비중 있는 사건은 수차례에 걸쳐서 이루어진다. 그리고 평의가 끝나면 그 사건에 대하여 결론을 내리는 평결을 하게 된다. 만장일치가 이루어지지 않을 경우 표결을 실시한다. 표결 결과 9명의 재판관 중 6명 이상 찬성해야 법률에 대하여 위헌을 결정하거나, 탄핵·정당해산을 결정하고, 헌법소원심판에서 청구를 인용認容할 수 있다(헌법 §

113①). 그런데 이렇게 정족수를 정해 놓으니 과반수가 찬성해도 위헌으로 결정할 수 없는 문제가 생겼다. 예컨대 국토이용관리법상의 토지거래허가제는 위헌이라는 의견이 5명, 합헌이라는 의견이 4명이었지만, 합헌 결정을 할 수밖에 없었다(헌재 1989.12.22, 88헌가13). 이런 방식은 현재 구성되어 있는 법적 상태를 존중해 주고 현상을 인정해 줌으로써 법적 안정성에 기여한다고 할 수 있다. 하지만 문제가 있다는 의견도 많다. 참고로 독일의 경우는 단순 과반수로 결정하지만 재판관이 8명(8명씩 두 개의 합의부가 있다)이므로 4:4인 경우 합헌으로 현상 유지, 5:3인 경우 위헌으로 법질서를 변경하게 된다.

결론이 나면 결정을 선고하게 된다. 선고는 보통 매월 마지막 주 목요일에 한다. 그러나 긴급한 사정이 있으면 아무 날이나 선고할 수 있다. 선고는 보통 오후 2시에 헌법재판소 대심판정에서 이루어진다. 개인적으로 그냥 가서 구경할 수 있다. 특별히 국민들의 관심사가 많아서 방청을 하려는 사람이 많은 경우 미리 방청권을 발부한다. 또한 단체로 견학을 원하는 경우 미리 접수하여 허락을 받으면 연구관이 공식적으로 안내와 소개를 해주고 기념품도 제공한다. 요즘은 헌법재판소에 대한 사회적 관심이 높아 단체 견학은 몇 달 전에 예약해야 한다.

심판의 종류와 판례 찾아보기

앞서도 소개했지만 우리나라 헌법재판소가 담당하는 헌법

재판은 위헌법률심판, 탄핵심판, 정당해산심판, 권한쟁의심판, 헌법소원심판의 다섯 가지이다. 이론적으로는 선거소송도 헌법재판(헌법소송)에 해당하지만 우리나라는 대법원과 고등법원에서 담당하고 있다.

하나의 심판 사건마다 고유한 번호를 붙이는데 이를 사건 번호라 한다. 사건 번호를 보면 그 사건에 대하여 알 수 있다. 예를 들어 '헌재 2009.8.26, 2008헌가25'라고 표시된 것이 있다고 하자. 이 경우 '헌재'는 헌법재판소를 의미하며(이를 '헌판' 또는 '헌재결'이라 표기하기도 한다), '2009.8.26'은 결정이 선고된 날짜를 의미한다. 또 '2008'은 사건이 접수된 년도를, '헌가'는 사건의 종류를, '25'는 사건의 종류별 접수 순서를 의미한다. 사건의 종류를 의미하는 헌가·헌나 등은 헌법의 규정 순서를 그대로 따랐다. '헌가'는 위헌법률심판, '헌나'는 탄핵심판, '헌다'는 정당해산심판, '헌라'는 권한쟁의심판을 의미한다. 그리고 '헌마'는 권리구제형 헌법소원심판(헌재법 §68①), '헌바'는 규범통제형 헌법소원심판(헌재법 §68②)을 의미하는데, 각각의 의미는 뒤에서 설명하기로 한다. 또 '헌사'는 각종 신청 사건을, '헌아'는 재심 사건을 의미한다. 같은 내용의 사건이 여러 건 접수되는 경우가 있는데, 이런 경우 한꺼번에 심판을 진행하는 경우가 많다. 이를 사건의 병합이라 하고 앞의 판례 번호에서 '2008헌가25'에 해당하는 번호가 여러 개이거나 '등'을 붙여서 병합 사건임을 나타낸다. 병합은 사건의 종류가 다른 경우에도 가능하다. 실제로 헌가(위헌법률심판) 사건과 헌바(위헌소원, 규범통제형 헌법소원) 사건은 종종 병합해서 심리가 이루어진다. 그리고 사건 번호 앞에 사건의 명칭이 붙어있는데 이것은 편의상 붙인 것이므로 실제 사건을 정확히 표현해 주지 못하는 경우도 있어서 비공식적으로 사람들이 부르는 것이 사용되기도 한다.

판례를 찾아보려면 매달 발행되는 헌법재판소 공보나 1년에 두 차례씩(최근엔 3~4회씩 발간되기도 한다) 발간되는 판례집을 찾아보면 된다. 판례집은 제1권이 1989년에 발간되었으며 매년 제2권, 제3권 하는 식으로 발간된다. 제5권(1993)부터는 제5권 1집, 제5권2집 등으로 매년 2권씩 발간되고 있으며, 최근엔 사건이 많아져서 한 집이 두 권씩 발간된 적도 있다. 판례를 인용할 때는 '헌판집2,100(113)' 등으로 표기된다(표기 형태는 통일되어 있지 않다). 이것은 판례집 제2권, 즉 1990년에 발간된 것으로 '100'은 해당 판례가 수록되기 시작한 면을, '113'은 인용한 부분의 면수를 나타낸다. 헌법재판소 공보는 1993년 5월 1일 제1호가 발간되었고, 처음엔 3개월마다, 현재는 매월 발간되고 있다. 헌법재판소의 결정과 활동에 관하여 심판정에서의 선고 외에는 공식적으로 가장 먼저 공표되는 형식이다. 헌법재판소 공보가 발행되기 전에는 정부의 관보를 이용하여 결정을 공고하였다.

일반인이 무엇보다도 손쉽게 판례를 찾아보는 방법은 헌법재판소 홈페이지를 이용하는 것이다. 판례 외에 헌재의 각종 활동과 헌법재판에 대한 것들이 잘 소개되어 있다. 이 책을 쓸 때도 홈페이지에서 많은 자료를 구할 수 있었다. 특히 최근의 판례나 헌법재판소의 동향은 홈페이지를 보면 빨리 알 수 있다. 헌법재판소의 홈페이지 주소는 http://www.ccourt.go.kr이다. 'ccourt'는 헌법재판소의 영문 표기인 'the Constitutional Court'를 의미한다. 기타 법률과 관련된 다른 인터넷 사이트에서도 헌법재판소의 판례를 소개하는 곳이 많이 있다.

참고로 대법원은 'the Supreme Court'라고 하며, 홈페이지 주소는 http://www.scourt.go.kr이다.

법률이 헌법에 위반되면 어떻게 될까?

위헌법률심판과 규범통제의 종류

법은 다른 법과의 관계에서 그 효력이 높은 법과 낮은 법으로 구분된다. 효력이 높은 법을 상위법, 낮은 법을 하위법이라 한다. 법은 헌법, 법률, 명령(대통령령·부령, 이를 시행령·시행규칙이라고도 한다), 자치법규(조례·규칙)의 순서로 효력이 있다. 이러한 법들의 내용이 서로 충돌될 때에는 당연히 상위법이 적용되고 하위법은 효력이 없다. 하위법은 상위법에 근거해야 하며, 상위법이 위임한 범위 내에서만 존재의미가 있기 때문이다. 따라서 하위법이 상위법에 위배될 때 그 효력을 상실시키는 것이 필요한데 이를 규범통제라 한다. 대표적인 것이 법률이 헌법에 위반될 때 이를 심사하여 그 법률을 폐지(효력 상실)시키는 위헌법률심판인데, 헌법재판 중에서 가장 중요한 것이라고 할 수 있다. 그 밖에 명령에 대한 위법·위헌 심사도 포함하여 포괄적으로 규범통제라고 한다.

우리나라는 위헌법률심판을 헌법재판소가 담당한다. 그런데 법률에 대한 통제는 여러 가지 형태로 이루어질 수 있다. 첫째, 법률이 성립하기 전에, 즉 대통령이 공포하기 전에 헌법에 위반되는지 심사하는 형태가 있는데, 예방적 규범통제라 하는 이 방식은 프랑스 헌법평의회가 채택하고 있다. 둘째, 법률이 성립하였으나 실제 피해자가 발생하지 않은 상태에서 위헌성을 심사하는 것을 추상적 규범통제라고 하는데 독일이 채택하고 있다. 이 경우 당사자가 없으므로 소의 제기는 국회(다수당은 자신이 주도해서 통과된 법률에 이의가 없을 것이므로 논리적으로는 야당)나 지방정부 등이 행한다. 셋째, 구체적인 사건이 발생해서 기본권이 침해당한 사람이 생기고, 그 당사자가 소송을 제기하여 재판이 진행되는 과정에서 그 법률의 위헌 여부를 심사하는 것을 구체적 규범통제라고 하는데, 독일과 우리나라, 그리고 헌법재판소가 없고 일반 법원이 위헌법률심판을 하는 미국이나 일본이 채택하고 있다.

우리의 경우 위헌법률심판은 일반 재판 과정에서 그 사건에 적용하여 재판하여야 할 법률이 헌법을 위배한다는 의심이 드는 경우, 재판을 담당하는 법원이 헌법재판소에 위헌법률심판을 제청하고 그 결과에 따라서 재판을 한다. 그동안 재판(일반 재판)은 진행되지 않고 중지된다(헌재법 §42①).

좀 더 자세히 설명하면 이런 형태의 위헌법률심판 외에도 몇 가지 형태로 법률에 대한 통제가 이루어진다. 우선 일반 재판에서 소송의 당사자가 자신의 재판에 적용될 법률이 헌법에 위배된다고 주장하여 법원에 위헌법률심판을 제청하도록 신청할 수 있다. 이 때 당사자의 신청이 이유가 있다고 법원이 판단하면 위에서 본 대로 위헌법률심판을 제청할 것이다. 그러나 이유가 없다고 판단하면 그 신청을 거절할 수 있는데, 그러면 당사자는 헌법재판소에 헌법소원심판의 형태로 그 거절(기각 또는 각하 결정)의 정당성 여부를 심사해줄 것을 청구할 수 있다(헌재법 §68②, 사건번호 '헌바' 사건). 이를 규범통제형 헌법소원 또는 위헌소원이라 하는데 이러한 형태로도 법률에 대한 규범통제가 많이 이루어진다.

또 다른 형태로는 어떤 법률이 구체적인 국가기관의 행위를 매개로 하지 않고 직접 국민의 기본권을 침해하는 경우에 이루어진다. 예컨대 '제대군인 지원에 관한 법률'이 군필자에게 공무원 채용시험과 교원 임용고사 등에서 가산점을 주는 것은 군대를 가지 않은 사람들에게 공무원이나 교원이 되는 기회를 상당 부분 제한하는 결과가 되는데, 헌법소원심판의 형태로 위헌 결정이 이루어졌다(헌재 1999.12.23, 98헌마363).

또 다른 형태로는 (권리구제형) 헌법소원심판이나 권한쟁의심판 등 다른 헌법소송의 결과 청구가 인용될 때, 문제가 된 관련 법률이 위헌이라고 판단되는 경우 부수적으로 그 법률을 무효

화시킬 수 있다. 이 유형의 통제 사례도 많다.

헌법재판소는 위헌법률의 심판 과정에서 청구인이 주장하지 않은 사실이나 논거를 고려할 수도 있으며, 대상 법률의 범위를 확장하여 관련 법률을 묶어서 위헌 결정을 할 수도 있다.

위헌법률심판에 국한된 것은 아니지만, 당사자(청구인)의 입장에서는 더 이상 소를 진행할 필요가 없어진 경우(소의 이익이 없어졌다고 한다)에도 심판을 계속하여 헌법적 의미를 밝히는 경우도 많다. 예컨대 구속·기소된 피의자(미결수용자)의 서신 검열과 서신의 지연 발송 및 지연 교부라는 교도소장의 행위를 상대로 헌법소원심판이 청구된 사건에서, 행위는 이미 종료되었고 청구인도 형이 확정된 후 사면으로 출소하였지만, 검열 행위의 경우 행형법 규정에 따라 앞으로도 계속될 것으로 보이며 검열 후 서신의 발송지연·교부지연 등의 위헌 여부에 대해서도 논란의 여지가 있으므로 계속 심판을 진행한 사례를 들 수 있다(헌재 1997.7.21. 92헌마144). 이 경우 소의 이익은 없으나 심판의 이익은 있다고 한다.

이런 것들이 일반 재판과 다른 점들이다.

결정의 효력과 변형 결정

위헌법률로 결정이 되면 결정 당일로부터 그 법률은 효력을 상실한다. 이런 점에서 위헌법률심판은 다른 헌법재판의 심판 유형들에 비하여 비교적 확실한 법적 효과(강제력)가 있어서, 특별한 집행 절차 없이 곧바로 법률의 폐지라는 법적 효과가 발생한다. 법률폐지의 효력은 선고 이후에만 미치는데, 다만 형벌에 관한 법률(규정)은 소급하여 그 효력을 상실한다(헌재법 § 47②). '소급'이란 과거의 사건에도 적용된다는 의미이다. 그런데 이 문구를 형식적으로 엄격히 해석하면 말도 안 되는 결과가 된다. '문제를 제기한 당사자는 구제되지 않는다'는 결론이 나오기 때문이다. 그렇게 된다면 누가 문제를 제기하고(위헌법률심판 제청을 신청), 누가 위헌법률심판(또는 헌법소원심판)에 관심을 갖겠는가? 따라서 논리적으로 그 소송(또는 심판)을 제기한 당사자에게는 소급하여 적용된다.

한편 이런 단순위헌·단순합헌 결정 외에 변형결정이란 것이 있다. 헌법재판소법은 헌법재판소가 법률 또는 법률조항의 '위헌 여부만을' 결정한다고 하지만(헌재법 §45), 단순히 위헌으로 결정하면 당장 그 법률이 없어지므로 입법의 공백을 메울 수 없게 된다. 국회에서 빨리 법을 개정하거나 대체 입법을 하면 되지만 상당 기간 공백은 피할 수 없다. 따라서 단순 위헌 대신 중간 형태의 효력을 가지는 결정이 필요하다. 예컨대 해석의 가능성이나 적용의 가능성에서 위헌적인 부분을 배제하는 결정 방식으로 한정합헌과 한정위헌 결정이 있다. 예컨대 국가보안법 제7조의 찬양·고무·선동죄는 너무 포괄적이고 추상적이어서 위헌적이다. 즉, 형벌 규정은 명확해야 한다는 원칙에 어긋난다. 그런데 이 조항을 "자유민주적 기본 질서를 위태롭게 할 만한 상황에 이르렀을 때"에만 형벌을 과하는 것으로 축소 해석하면 굳이 위헌으로 결정하여 조문을 없애고, 결과적으로 진짜 자유민주주의를 부정하고 국가를 전복하려는 사람을 처벌할 조항이 없어지는 사태를 막을 수 있다(한정합헌, 헌재 1990.4.2, 89헌가113). 한정위헌 결정의 사례로는 정기간행물을 발행하고자 하는 자에 대해 정기간행물 등록에 관한 법률 제6조 제3항에 따라 해당 시설을 등록하도록 하는 같은 법 제7조를 "해당 시설이 자기 소유이어야 하는 것으로 해석하는 한" 헌법에 위반된다고 한 결정(한정위헌, 헌재 1992.6.26, 90헌가23)을 비롯하여 많은 판례(결정례)가 있다.

또 헌법불합치 결정이란 것이 있다. 이는 헌법재판소가 법률의 위헌성은 긍정하면서도 입법자의 입법형성의 자유를 존중하고 법의 공백과 혼란을 피하기 위하여 일정 기간 당해 법률의 외형은 존재하지만 그 적용이 중지되는 것으로 하거나, 아니면 위헌임에도 불구하고 특수한 상황적 요건에서 당해 법률의 계속 적용을 명하는 결정 형식이다. 헌법불합치 결정은 입법촉구와 결합되어 사용되며, 계속 적용 여부는 사건별로 헌법재판소가 주문에 표시한다. 예컨대 "동성동본의 결혼을 금지한 민법 제809조 제1항은 헌법에 합치하지 아니하며 입법자가 1998년 12월 31일까지 개정하지 아니하면 1999년 1월 1일 그 효력을 상실한다. 입법자가 개정할 때까지 적용을 중지하여야 한다."(헌재 1997.7.16, 95헌가6등)는 식이다. 이 사건의 경우 헌법재판소가 제시한 시한까지 민법이 개정되지 않아서 이미 동성동본 금혼 조항은 효력을 상실하였다. 그런데도 이런 유형의 결정의 효력, 즉 헌법불합치 결정의 의미를 모르는 국회와 관련 공무원들이 이 조문에 대한 '개정'을 추진하여 2005년 3월 31일 드디어 '개정'이 되었다. 최근에는 단순위헌보다 헌법불합치 결정이 더 많이 선고되는 경향이 있다.

이하에서는 사회적으로 파장이 컸던 위헌법률심판 사건(헌법소원의 형태로 이루어진 사건을 포함)을 몇 개 소개하기로 한다. 순서는 사건의 중요성이 아니라 시대 순이다. 그리고 전문적인 법률 용어는 되도록 피하거나 괄호 안에 해설을 넣었지만 완전하지는 않으므로 별도로 법률용어 사전이나 법학 교과서를 찾아보기 바란다.

군인 군무원의 이중배상금지 판결
―위헌적인 내용을 헌법 스스로 규정한 경우

전방 지역에 가면 "동네 사람 두 명하고 군인 한 명이 간다." 라는 농담이 있다. 군인은 사람이 아니라는 얘긴가? 또 군견이 죽으면 일반 사병이 죽었을 때보다 돈이 더 나온다는 그럴듯한 소문도 있다. 사실 여부를 떠나서 왜 이런 얘기들이 흘러 다닐까? 여기에서는 군인 군무원의 이중배상금지 판결에 대해서 알아보자.

국가배상법 제2조 제1항 단서는 군인, 군무원, 경찰공무원 등이 전투, 훈련, 기타 직무 집행과 관련하여 전사하거나 부상을 당해 다른 법률에 의하여 보상받은 경우 다시 국가배상을 청구할 수 없도록 규정하고 있다. 이러한 이중배상금지규정은 1967년 국가배상법을 개정하면서 생겼다. 당시는 베트남전 중이었고 우리도 파병한 상태였기 때문에 군인들이 전쟁 수행 중에 부상 또는 사망한 것을 모두 배상해 주면 너무 많은 재원이 들어갈 것이라는 우려 때문이었다. 그런데 이 조항은 인간의 존엄과 가치 및 평등권에 위배되는 조항이라 하여 대법원에서 위헌 판결을 받았다. 당시에는 헌법재판소가 없었고 위헌법률심판을 대법원이 하던 시절이었다. 재미있는 것은 당시의 대법원이 위헌법률로 판결하기 위해서는 전체 대법원 판사(현재의 대법관) 3분의 2 이상의 출석과 출석 인원 3분의 2 이상의 찬성을 필요로 하는 법원조직법 제59조 제1항 단서를 먼저 위헌으로 판결하고, 일반 의결정족수에 따라 국가배상법 제2조 제1항 단서를 위헌으로 판결하였다는 점이다. 당시 헌법 제103조에서 정당해산 판결에 대법원 판사 5분의 3 이상의 찬성을 요하도록 한 것보다도 가중된 정족수를, 헌법에 명시적 규정이 없는 상태에서 법률인 법원조직법에 규정한 것이 형평에 맞지 않는 위헌적 규정이라는 것이다(대판 1971.6.22, 70다1010). 그런데 1971년 위헌 판결을 받았음에도 불구하고 이듬해 이른바 유신헌법의 제정 시에 이 조항을 헌법 자체에 넣었고, 그것이 지금까지 이어져 현행 헌법 제29조 제2항에 남아 있다.

여기에 헌법재판과 관련하여 두 가지 주요한 문제가 있는데, 이는 전문적인 얘기이므로 그냥 넘어가도 좋겠다.

첫째, 헌법재판소가 스스로의 근거 규정이 되는 헌법재판소법에 대하여 위헌 결정을 할 수 있는가? 물론 할 수 있다. 실제로 우리 헌법재판소는 법원의 재판을 헌법소원심판의 대상에서 제외한 헌법재판소법 제68조 제1항에 대하여 위헌 결정(단순위헌 결정은 아니며 한정위헌 결정)을 내린 바 있다(헌재 1997.12.24, 96헌마172·173). 이론적으로는 문제가 없으며 헌법재판소에게는 "자기 임무의 범위를 스스로 정할 권한"이 부여되어 있다고 한다. 다만 희귀한 사례일 뿐이다.

둘째, 위헌으로 결정된 조항을 헌법 자체가 규정하면 그 위헌성이 없어지는가? 나아가 헌법 자체에 대하여 헌법재판소가 위헌 결정을 할 수 있는가? 이것도 물론 할 수 있다. 헌법재판에 있어서 기준이 되는 헌법은 실정헌법, 즉 헌법전을 의미하는 것이 아니며, 추상적 의미의 헌법 규범을 기준으로 하는 것이다. 실정헌법은 완벽하지 않으며 위헌적이거나 체계에 모순되는 조문을 담고 있을 수도 있다. 따라서 위헌으로 결정된 조문을 헌법이 다시 규정한다 해도 그 위헌성이 없어지는 것은 아니다. 다만 현실적으로는 헌법재판소가 헌법 자체에 대하여 위헌으로 결정하기는 쉽지 않을 것이다. 왜냐하면 위헌으로 결정한다 해도 실제 그 효력을 관철시키기 어렵고, 이 점을 헌법재판소도 잘 알고 있기 때문이다. 실제로 헌법재판소는 국가배상법 제2조 제1항 단서와 관련하여 한정위헌 결정을 함으로써 실질적으로 같은 내용의 헌법 제29조 제2항에 대하여 통제를 한 바 있다(헌재 1994.12.29, 93헌바21).

군인 군무원의 이중배상금지규정과 관련한 이런 법적인 논쟁들은 입법적으로, 즉 헌법개정을 통하여 해결하는 것이 바람직하다. 다만 헌법개정 없이도 해결할 수는 있다. 즉, '법률이 정하는 보상'의 수준을 상향해서 국가배상을 통해 받을 수 있는 액수만큼 보상을 해주면 실질적으로는 문제가 없을 것으로 생각된다. 예컨대 2002년 서해교전 당시 죽거나 다친 군인들에 대한 보상이 적어서 동료 군인들이 모금운동을 하던 것을 생각해 보라. 참고로 여기서 이중배상금지라는 것은 절차상 이중으로 배상신청을 못한다는 의미일 뿐, 이중으로 청구가 가능하다 해도 중복해서 받음으로써 실제 손해액 이상을 받는 것을 의미하는 것은 아니다.

간통죄 합헌 결정 – 법과 도덕의 경계는 어디까지인가?

이 사건은 개인의 성생활의 자유를 국가가 지나치게 간섭하고 있을 뿐 아니라 평등 원칙에도 반한다고 하여 오랫동안 논란이 되었던 형법상의 간통죄 규정을 합헌으로 결정한 사건이다.

A씨는 간통죄로 기소되어 1심에서 징역 1년을, 항소심에서 징역 8월을 선고받고 대법원에 상고하여 재판을 받던 중 간통죄를 처벌하는 형법 제241조가 헌법에 위반된다고 위헌법률심판을 제청하였으나 대법원이 이를 기각하자, 헌법재판소에 헌법소원심판을 청구하였다. 앞서 설명한 헌법재판소법 제68조 제2항의 헌법소원의 형태로 이루어진 규범통제이다.

헌법재판소는 성적性的 자기결정권과 간통죄의 관계를 언급

하면서 6인 재판관의 다수의견으로 간통죄를 규정한 형법 제 241조가 합헌이라고 결정하였다(헌재 1990.9.1, 89헌마82). 헌법 제10조의 행복추구권에 성적 자기결정권이 포함된다고 보면서 도 성적 자기결정권은 혼인과 가족생활의 유지·보장 등을 위해 제약될 수 있는 것이라고 판단하였다. 이 결정은 법과 도덕의 경계, 사생활에 대한 국가 개입의 한계에 관한 논의를 촉발시켰 다. 그 후 형법개정 과정에서 간통죄에 대해 징역형 외에 벌금 형을 추가하자는 논의가 있었으나 입법에는 반영되지 못했다. 헌법재판소는 간통죄에 관해 두 번의 합헌 결정을 다시 하였 다.(헌재 1993.3.11, 90헌가70; 2001.10.25, 2000헌바60). 그 후 네 번 째 사건인 이른바 '옥소리 사건'에서는 위헌의견 4, 헌법불합치 의견 1로 비록 위헌 정족수 6인에 미치지 못하여 합헌 결정이 되었으나 향후 또다시 심리가 되면 위헌결정이 나올 수도 있 다는 전망을 갖게 하였다(헌재 2008.10.30, 2007헌가17). 한편 혼 인빙자간음죄(형법 제304조)에 대해서는 위헌결정이 있었다(헌재 2009.11.26, 2008헌바58).

헌법재판소의 간통죄 합헌 결정 이유는 다음과 같다. 더 자 세한 것은 결정 원문을 찾아보기 바라며, 전문적인 얘기를 건 너뛰고 싶으면 다음으로 넘어가자.

성적 자기결정권과 관련하여 보면, 헌법 제10조 개인의 인격 권·행복추구권에는 개인의 자기운명 결정권이 전제되는 것이 고, 자기운명 결정권에는 성행위 여부 및 그 상대방을 결정할 수 있는 성적 자기결정권이 포함되어 있다. 간통죄를 규정한 형법 제241조가 개인의 성적 자기결정권을 제한하는 것이지만, 개인의 성적 자기결정권은 국가적·사회적 공동생활의 테두리 안에서 타인의 권리, 공중도덕, 사회윤리, 공공복리 등의 존중에 의한 내재적 한계가 있는 것으로, 어느 경우에나 절대적으로 보장되는 것은 아니다. 형법 제241조의 간통죄의 규정은 선량한 성도덕과 일부일처주의 혼인제도의 유지 및 가족생활의 보장을 위해서나 부부간의 성적 성실의무의 수호를 위하여, 그리고 간통으로 인하여 야기되는 사회적 해악의 사전 예방을 위하여 배우자가 있는 자의 간통행위를 규제하는 것이고, 그러한 행위를 한 자를 2년 이하의 징역에 처할 수 있도록 규정한 법률 조항은 성적 자기결정권에 대한 필요 최소한의 제한으로 과잉금지 원칙이나 기본권의 본질적 내용 침해 금지에 저촉되는 것이 아니다.

한편 간통죄가 피해자의 인내심이나 복수심의 다과多寡 및 행위자의 경제적 능력에 따라 법률 적용의 결과가 달라지고 일반적으로 경제적 강자인 남자에게보다는 약자인 여자에게 불리하게 작용하는 측면이 있는 점을 무시할 수는 없으나, 이는 개인의 명예와 사생활보호를 위하여 친고죄親告罪(고소가 있어야 처벌할 수 있는 범죄)로 하는 데서 오는 부득이한 현상으로서 형법상 다른 친고죄에도 나타날 수 있는 문제이지 특별히 간통죄에만 해당되는 것은 아니라고 할 것이므로 간통죄 처벌 조항이 평등권을 침해하였다고 할 수는 없다.

간통죄의 규정은 "혼인과 가족생활은 개인의 존엄과 양성兩

性의 평등을 기초로 성립되고 유지되어야 하며, 국가는 이를 보장한다."라고 한 헌법 제36조 제1항에 반하는 법률이 아니라 오히려 국가에게 부과된 개인의 존엄과 양성의 평등을 기초로 한 혼인과 가족생활의 유지·보장 의무의 이행에 부합하는 법률이라 할 것이다(헌재 1990.9.1, 89헌마82).

사형제도 합헌 결정
– 사람이 다른 사람의 생사를 결정할 수 있나?

사람이 가장 받아들이기 힘든 법적 제재는 무엇일까? 민사 제재보다는 형사 제재인 형벌이, 그중에서도 사형이 가장 두려운 강제 조치일 것이다. 우리나라뿐만 아니라 세계적으로도 이 사형제도에 대해 끊임없이 폐지 논의가 진행되고 있으며, 이미 사형제도를 폐지한 국가도 대략 절반 정도가 된다. 우리 대법원과 헌법재판소에서도 계속 폐지 논의가 이루어지고 있다.

우리 사회는 그동안 사형제도의 존폐를 놓고 팽팽한 의견 대립을 보여 왔다. 사형폐지론자들은 사형제도에 따른 범죄 예방 효과가 아직 입증된 바 없고, 오판 가능성이나 정치적 악용 가능성도 배제할 수 없으며, 사형이야말로 세계적인 인도주의 추세에도 어긋나는, 인간 존엄을 말살하는 제도로서 폐지되어야 한다고 주장한다. 반면 사형존치론자들은 흉악 범죄가 끊이지 않는 현실에서 범죄 예방을 위해 강력한 억제력을 가진 사형은 필요악이며, 가해자인 범죄인의 생명권보다는 피해자의 생명권이 더 중요시되어야 하기 때문에, 흉악한 살인자를 사형에 처하지 않는 것이 오히려 공평의 원리와 정의에 어긋나는 것이라고 주장한다. 이러한 논쟁은 헌법재판소의 개소 이전에 이미 대법원에서 사형의 합헌성을 인정하는 판결들(대판 1969.9.19, 69도988; 대판 1987.9.8, 87도1458 등)이 선고되었음에도 불구하고 계속되었다.

사형제도의 합헌성을 묻는 최초의 헌법소원심판 청구는 1989년 2월 28일 제출되었다. 강도살인죄로 기소되어 대법원에서 사형선고가 확정된 청구인이 사형 집행을 기다리던 중 헌법재판소가 개소되자 사형 판결의 근거가 된 형법 제338조(강도살인·치사)와 행형법 제57조 제1항(사형집행)이 헌법에 위반된다고 주장하면서 헌법소원심판(89헌마36; 지금의 분류로는 '헌바'사건이지만 당시까지는 '헌마' 부호를 붙였다)을 청구하였다. 또한 강도살인죄로 기소되어 수원지방법원에서 사형선고를 받은 또 다른 청구인은 대법원에 상고 중 위헌제청 신청을 하였으나 대법원에서 기각과 동시에 상고도 기각되자, 1990년 5월 1일 헌법소원심판(90헌바13)을 청구하였다.

헌법재판소는 중대한 사안인 만큼 쉽게 결론을 내리지 못하고 2년이 지난 1992년 5월 12일 첫 변론을 열었다. 참고로 헌법소원심판은 탄핵심판이나 정당해산심판 등과는 달리 필수적으로 변론을 해야 하는 것은 아니다(임의적 변론). 이날 변론에서는 재판부가 직권으로 지명한 형법학자 3인과 헌법학자 1인이 참고인으로 나와 진술을 하였는데, 여기서도 견해가 갈렸다.

심재우, 김일수 교수는 위헌론을, 김종원 교수는 합헌론을, 이강혁 교수는 사형선고를 일률적으로 위헌으로 볼 수는 없지만 법률이 사형 판결에 대한 지침이나 절차에 관해 구체적으로 규정하지 않을 경우 위헌의 소지가 많다는 부분적 위헌론을 피력하였다. 이날 공판에는 사형폐지운동협의회 회원과 사형 확정자의 가족 백여 명이 심판정을 가득 메웠으며, 특히 변론 도중 심판정 밖에서는 한 사형 확정자의 어머니가 사형 폐지를 주장하며 혈서를 쓰기도 하였다.

그런데 헌법재판소는 두 헌법소원심판 사건에서는 사형제도의 합헌 여부에 관한 본안판단(내용심사)에 들어가지 않았다. 앞의 헌법소원심판 청구에 대해서는 청구기간이 이미 지났다는 이유로 각하 결정을 내렸고, 뒤의 사건은 심리 중에 사형집행이 이루어졌기 때문에 청구인의 사망을 이유로 심판절차의 종료를 선언하였다. 이 경우 가처분(재판 결과가 나올 때까지 사형집행을 연기)이 필요했다고 생각된다. 이들 두 결정이 내려지자 헌법재판소가 사형집행을 방조하고 있다거나, 중요하고 민감한 헌법문제에 대해서는 지나치게 신중할 만큼 정책적 고려에 치중한다는 지적을 받기도 하였다.

다시 세월이 흘러 1994년 10월 6일 흉악범 15명을 사형집행한 후에도 42명이 사형선고를 받고 집행을 기다리고 있던 중, 1995년 1월 3일 또 다시 사형의 위헌성을 묻는 헌법소원심판이 청구되었다. 이 사건의 청구인은 살인과 특수강간 등의 혐의로 기소되어 1, 2심에서 사형을 선고받고 대법원에 상고를

함과 동시에 살인죄에 대하여 사형을 규정한 형법 제250조 제1항, 사형을 형의 종류의 하나로서 규정한 같은 법 제41조 제1호, 사형집행의 방법을 규정한 같은 법 제66조, 사형집행의 장소를 규정한 행형법 제57조 제1항에 대한 위헌법률심판 제청을 신청하였으나 대법원이 이를 기각하자 헌법소원심판을 청구하였다(헌재 1996.11.28, 95헌바1).

이에 대하여 헌법재판소는 7인 재판관의 다수의견으로 생명권을 설명하면서도 사형을 규정한 형법 제41조 제1호 및 제250조 제1항은 헌법에 위반되지 아니한다고 결정하였다. 그러나 사형제도가 일단 헌법재판소에 의해서 합헌으로 유권적 결정이 내려졌어도 이 문제에 관한 사회적 논쟁이 종결된 것은 아니며, 오히려 사형제도의 존폐 문제를 놓고 좀 더 깊이 성찰하도록 하는 계기를 제공하였다고 할 수 있다.

헌법재판소는 사형제도가 갖고 있는 범죄예방 효과와 국민의 법 감정을 그 판단 근거로 들면서 국민의 법 감정에 비추어 당장 폐지하기에는 시기상조라는 점을 인정하지만 "시대 상황이 바뀌어 생명을 빼앗는 사형이 가진 위하威嚇(겁을 줌)에 의한 범죄 예방이 거의 필요 없게 된다거나, 국민의 법 감정이 그렇다고 인식하는 시기에 이르게 되면 사형은 곧바로 폐지되어야 하며, 그럼에도 불구하고 형벌로서 사형이 그대로 남아 있다면 당연히 헌법에도 위반되는 것으로 보아야 한다."고 하여 지금의 합헌 결정이 시대 상황에 따라 변경될 수 있는 잠정적인 것임을 밝혔다.

이 결정이 내려지자 한국사형폐지운동협의회는 헌법재판소의 결정에 반박성명을 냈으며, 국제사면위원회 한국 지부도 성명을 내어 "유엔을 비롯한 국제사회의 폐지 권고에 반하는 것이며 비인권적 처사"라면서 유감을 표시하였고 일부 신문에서는 그런 취지의 사설을 싣기도 하였다.

한편 헌법소원심판을 청구했던 청구인은 심판의 심리 중에 대법원에서 증거 부족을 이유로 파기환송돼 사형이 아닌 무기징역을 선고받았다. 그리고 이 결정의 선고 직전인 1996년 11월 18일 정부가 확정한 형법개정안 제44조 제3항에는 "사형의 선고는 특히 신중하게 하여야 한다."는 규정이 있었으나 실제로 형법개정에는 반영되지 못했다. 최근에 헌법재판소에서 다시 사형제도에 대하여 합헌 결정이 있었다(헌재 2010.2.25, 2008헌가28).

헌법재판소의 합헌 결정 이유는 다음과 같다. 자세한 논리적 근거를 알고 싶은 사람은 참조하기 바란다.

생명권은 기본권 중의 기본권이고, 절대적 기본권으로서 이념적으로는 법률유보의 대상이 될 수 없는(법률로써 기본권을 제한할 수 없다는 의미) 것이 원칙이지만, 현실적인 측면에서 볼 때 생명권도 법률유보의 대상이 될 수밖에 없다. 즉, 인간의 생명에 대해서는 함부로 사회과학적 또는 법적인 평가가 이루어져서는 안 된다. 하지만 비록 생명에 대한 권리라고 하더라도 그것이 헌법상의 기본권으로서 법률상의 의미가 조명되어야 할 때에는 그 자체로서 모든 규범을 초월하여 영구히 타당한 권리로서 남는 것은 아니다.

사형제도는 인간의 죽음에 대한 공포 본능을 이용한 가장 냉엄한 형벌로서 그 위하력이 강한 만큼 이를 통한 일반적 범죄예방 효과도 클 것으로 추정된다. 일부 사람들은 사형의 범죄억제 효과가 무기징역형보다 명백히 그리고 현저히 높다는 견해에 대해 합리적·실증적 근거가 박약하다고 한다. 하지만 반대로 무기징역형이 사형과 대등한 혹은 오히려 더 높은 범죄억제의 효과를 가지므로, 무기징역형만으로도 사형의 일반 예방적 효과를 대체할 수 있다는 주장 역시 현재로서는 가설假說의 수준을 넘지 못한다.

결국 사형제도의 공익상의 목적과 사회적 기능은 부인할 수 없다는 것이고, 현행 헌법 자체가 사형을 형벌의 한 종류로 인정하고 있다는 점(헌법 §110④: 군사재판에서 '사형을 선고한 경우에는……')을 고려하면, 사형제도는 헌법 제37조 제2항 본문("국민의 모든 자유와 권리는……법률로써 제한할 수 있으며")에 반하지 않는다고 할 것이다(헌재 1996.11.28, 95헌바1).

제대군인 가산점 위헌 결정
―군대 다녀온 사람에 대한 우대는 성차별인가?

군대에 다녀온 사람이라면 군대에서 얼마나 고생을 하는지 잘 알고 있을 것이다. 그러나 자기 인생에 도움이 될 만한 많은 경험을 하는 것도 사실이다. 필자도 살면서 경험할 수 있는 극한 상황들을 대부분 군대에서 경험하였다. 10km를 50분에 뛴

적도 있고, 얼음을 깨고 그 속의 물로 식기를 씻어 밥을 먹기도 하였다. 5일 동안 200km를 걷기도 하였다. 그런 고생을 안 할 수 있다면, 즉 군대를 안 가도 사회적으로 아무 불이익이 없다면 대부분의 사람들은 군대를 안 갈 것이다. 그러나 어쩌랴? 신체 건강한 대한민국 남자라면 누구나 군대에 가야 하는 것을……. 그래서 조금이나마 보상을 해 주겠다고 마련된 것이 군필자 가산점 제도이다. 제대군인 지원에 관한 법률(1997.12.31, 법률 제5482호) 제8조와 시행령(대통령령 제15,870호) 제9조에 따르면, 공무원 임용고사나 교사 임용고사 등에서 2년 이상 병역에 근무하면 5%, 2년 이하 병역에 근무하면 3%의 가산점을 부여하도록 하고 있었다. 그러나 여성이나 신체장애 때문에 군대를 못 간 남성 입장에서는 매우 억울한 일이었고, 결국 여성단체를 중심으로 한 문제제기는 헌법소원심판에까지 이르렀다.

이에 대하여 헌법재판소는 병역의 의무를 행한 사람에게 불이익을 주어서는 안 되며 지원을 해 주어야 하지만, 제대군인 가산점 제도는 재정적 뒷받침이 없이 여성과 장애인 등 사회적 약자의 희생을 가져오므로 평등권에 위배되어 위헌이라고 결정하였다. 이 결정에 대하여 사회적으로 많은 논란이 빚어진 바 있다. 심지어 "가산점 제도를 폐지하는 대신 여자도 군대를 가라."는 감정적인 반응도 많았다. 그러나 헌법재판소는 군필자에 대하여 여러 가지 지원책을 마련하는 것을 반대하는 것이 아니고, 다만 가산점 제도는 공무원 등이 되고자 하는 사람들에게 불합리한 차별이 된다는 점을 지적한 것이다. 하지만 가산점 제도가 헌법재판소의 결정으로 폐지된 후 아직까지 이에 상응하면서 헌법재판소의 취지에 반하지 않는 적절한 지원책이 마련되지 않았다. 오히려 최근 옛날 제도를 완화하여 군필자 가산점 제도를 재도입하려는 법안이 마련되고 있다. 즉, 제대 후 일정 기간만 2% 정도의 가산점을 주며, 전체 수험생의 일정 범위만 혜택을 주는 방안이다.

헌법재판소의 자세한 위헌 결정 이유는 다음과 같다. 역시 전문적인 이야기들이므로 그냥 건너뛰어도 무방하다.

헌법 제39조 제1항에서 국방의 의무를 국민에게 부과하고 있는 이상 병역법에 따라 군복무를 하는 것은 국민이 마땅히 하여야 할 이른바 '신성한 의무'를 다하는 것일 뿐, 그러한 의무를 이행하였다고 하여 이를 특별한 희생(일반적으로 감수해야 할 불이익의 범위를 넘는 불이익)으로 보아 일일이 보상할 수는 없는 것이므로, "누구든지 병역의무의 이행으로 인하여 불이익한 처우를 받지 아니한다."는 헌법 제39조 제2항은 병역의무를 이행한 사람에게 보상 조치를 취하거나 특혜를 부여할 의무를 국가에게 지우는 것이 아니라, 법문 그대로 병역의무의 이행을 이유로 불이익한 처우를 하는 것을 금지하고 있을 뿐이다. 그런데 가산점 제도는 제대군인에게 일종의 적극적 보상 조치를 취하는 제도이므로 헌법 제39조 제2항에 근거한 제도라고 할 수 없고, 제대군인은 헌법 제32조 제6항에 규정된 '국가유공자·상이군경 및 전몰군경의 유가족'에 해당하지 않으므로 이 헌법조항도 가산점 제도의 근거가 될 수 없으며, 헌법상의 근거를 찾아볼 수 없다.

전체 여성 중 극히 일부만이 제대군인에 해당될 수 있는 반면, 남자의 대부분은 제대군인에 해당하므로 가산점 제도는 실질적으로 성별에 의한 차별이다. 그리고 가산점을 받을 수 있는 현역복무의 여부는 병역 의무자의 의사와 관계없이 징병검사의 판정 결과, 학력, 병력 수급의 사정에 따라 정해지는 것이므로 가산점 제도는 현역 복무나 상근예비역 소집 근무를 할 수 있는 신체 건강한 남자와 그렇지 못한 남자, 즉 병역 면제자와 보충역 복무를 하게 되는 자를 차별하는 제도이다.

제대군인에 대하여 여러 가지 사회 정책적 지원을 강구하는 것이 필요하다 할지라도, 그것이 사회공동체의 다른 집단에게 동등하게 보장되어야 할 균등한 기회 자체를 박탈하는 것이어서는 안 된다. 가산점 제도는 아무런 재정적 뒷받침 없이 제대군인을 지원하려 한 나머지, 결과적으로 여성과 장애인 등 이른바 사회적 약자들의 희생을 초래하고 있다. 또한 각종 국제협약, 실질적 평등 및 사회적 법치국가를 표방하고 있는 우리 헌법과 법체계에 비추어 확고히 정립된 기본질서라고 할 '여성과 장애인에 대한 차별금지와 보호'에도 저촉되므로 정책 수단으로서의 적합성과 합리성을 상실한 것이다.

따라서 가산점 제도는 제대군인에 비하여, 여성 및 제대군인이 아닌 남성을 부당한 방법으로 지나치게 차별하는 것으로서 헌법 제11조(평등권)에 위배된다. 또한 공직자 선발에 관하여 능력주의에 바탕을 둔 선발 기준을 마련하지 않고 해당 공직이 요구하는 직무수행 능력과 무관한 요소를 기준으로 삼는 것은 국민의 공직취임권을 침해하는 것이 된다. 제대군인 지원이라는 입법 목적은 예외적으로 능력주의를 제한할 수 있는 정당한 근거가 되지 못한다. 그런데도 가산점 제도는 능력주의에 기초하지 아니하고 성별, '현역 복무를 감당할 수 있을 정도로 신체가 건강한가'와 같은 불합리한 기준으로 여성과 장애인 등의 공직취임권을 지나치게 제약하는 것으로서 헌법 제25조에 위배된다(헌재 1999.12.23. 98헌마363).

양심상 집총병역 거부 ─신앙을 따르자니 감방이 기다리고

북한과 군사적으로 대립하고 있는 우리나라는 국민개병제(미국의 모병제와 반대)를 채택하여 건강한 남자라면 누구나 군대에 가도록 되어 있다. 그런데 군대에 가는 것이 헌법상 보장된 양심의 자유나 종교(신앙)의 자유에 맞지 않아 군대에 가기를 거부하는 경우가 있다. 실제로 매년 수백 명의 젊은이가 이러한 이유로 군대를 가지 않아서 전과자가 되고 있다. 병역법 제88조 제1항 제1호(1999.2.5, 법률 제5,757호로 개정된 것)는 입영 기피를 처벌하도록 규정하고 있다. 즉, 현역입영 또는 소집통지서(모집에 의한 입영통지서를 포함한다)를 받은 사람이 정당한 사유 없이 5일이 경과하여도 입영하지 않거나 소집에 불응한 때에는 3년이하의 징역에 처한다는 규정이다.

여기서 '정당한 사유 없이' 입영을 기피하는 경우만을 처벌하도록 하고 있으나, 양심상의 결정을 내세워 병역의무를 거부하는 것은 '정당한 사유'에 해당하지 않으므로, 양심적 병역 거부자들도 일반 병역 기피자들과 마찬가지로 형사 처벌을 받게 된다. 하급심에서는 이러한 양심적 병역 거부가 '정당한 이유'인가에 대해 엇갈려 판결이 나왔으나, 대법원은 이를 인정하지 않았다(대판 2004.7.15, 2004도2965). 이 판결에서 재판부는 "병역의무가 제대로 이행되지 않아 국가의 안전보장이 이뤄지지 않는다면 인간으로서의 존엄과 가치도 보장될 수 없다."며 "따라서 피고인의 양심의 자유가 국방의 의무보다 우월한 가치라 할 수 없다."고 밝혔다. 최종영 대법원장 등 대법관 12명이 참여한 이 판결에서 이강국 대법관(현재 헌법재판소장)은 그러나 "국가는 양심의 자유와 병역의 의무를 합리적으로 조정해야 하는 의무와 권한을 가지고 있다."며 다수 의견에 반대했다. 유지담 대법관 등 5명은 다수 의견에 동의하면서도 별도의 '보충의견'을 통해 "피고인처럼 형벌의 집행을 감수하면서까지 종교적 양심의 결정을 지키려는 진지한 의사를 가진 사람에 대해 무조건적으로 집총병역의무를 강제하기보다는 다른 내용으로 국방의 의무를 이행할 수 있도록 대체복무제를 도입할 필요성이 있다."고 지적했다.

한편 헌법재판소도 2002년 심판이 청구된 사건을 2년여 동안 심리를 한 끝에 2004년 8월, 대법원과 마찬가지로 양심적 병역 거부를 인정하지 않았다. 이 사건에서 위헌법률심판의 제청 법원인 서울남부지방법원은 "사상이나 양심 또는 종교적 교리를 이유로 병역의무의 이행을 거부하는 이른바 양심적·종교적 병역 거부의 경우에는 헌법상 국민의 기본적 의무인 병역의 무와 자유민주적 기본질서의 핵심적 기본권인 사상·양심의 자유 및 종교의 자유 사이에 충돌을 일으키므로 그 본질적 내용들을 훼손하지 않는 범위 내에서 양자를 조화·병존시킬 필요가 있다. 그러나 현행 병역법은 양심상의 결정을 이유로 입영을 거부하는 이른바 양심적 병역 거부에 대해서도 예외 없이 형사 처벌을 하고 있는바, 이는 양심적 병역 거부자의 사상과 양심의 자유 및 종교의 자유, 나아가 인간의 존엄과 가치 및 행복추구권, 평등권 등을 침해할 가능성이 크다."며 위헌법률심판을 제청하였다.

이에 대하여 헌법재판소는 이 처벌조항에 대하여 합헌 선언을 함으로써 양심적 병역 거부를 인정하지 않았다. 즉, 양심의 자유가 매우 중요한 기본권이기는 하지만 법질서에 대한 복종을 거부할 수 있는 권리는 아니며, 국방의 의무에서 나오는 병역의 의무는 국가의 안전을 위한 중요한 헌법적 법익(법적 이익)이라는 점에서 합헌이라고 하였다.

결론적으로는 합헌 결정이 났지만 그렇다고 해서 입법자(국회)가 대체복무를 규정하여 양심상 집총병역 거부를 인정하는 것이 위헌이라는 것은 아니다. 장기적으로는 양심상 집총병역 거부와 대체복무를 인정하는 방향으로 나갈 것으로 예상된다. 이는 현대전에서는 군인의 숫자가 중요한 요소가 아니며, 사람을 죽이는 연습인 '집총병역執銃兵役'을 거부하는 것이므로 그밖의 다른 업무나 사회봉사 등을 통하여 동일한 정도의 역무를 하게 하는 것이 가능하기 때문이다.

헌법재판소의 합헌 결정 이유는 다음과 같다. 좀 더 자세한 설명을 듣고 싶은 사람은 참조하기 바란다.

국제적으로도 이미 1967년부터 유럽공동체, 국제연합의 차원에서 양심적 병역 거부를 인정해야 한다는 결의가 반복되기에 이르렀고, 1997년 국제연합의 조사에 의하면 징병제를 실시하는 93개국 중 양심적 병역 거부를 전혀 인정하고 있지 않은 국가는 약 절반에 불과할 정도로 이미 많은 국가에서 입법을 통하여 이 문제를 해결하고 있다. 독일은 이를 헌법에 규정하여 인정하였고, 미국도 판례를 통하여 인정하고 있다.

1966년 국제연합(UN)에서 채택한 '시민적·정치적 권리에 관한 국제 규약(International Covenant on Civil and Political Rights)' 제18조는 사상·양심 그리고 종교의 자유를 보장하고 있고, 1993년 국제연합 인권이사회(Human Rights Committee)는 사상·양심 그리고 종교의 자유에 관한 일반 의견 제22호(General Comment No.22)에서, 치명적인 무력을 사용할 의무는 양심의 자유와 자신의 종교 혹은 믿음을 표현하는 권리와 심각하게 충돌할 수 있으므로 양심적 병역 거부권이 위 제18조 규정에서 도출될 수 있는 것으로 본다고 하였다.

우리 헌법은 제19조에서 "모든 국민은 양심의 자유를 가진다."라고 하여 양심의 자유를 국민의 기본권으로 보장하고 있다. 이로써 국가의 법질서와 개인의 내적·윤리적 결정인 양심이 서로 충돌할 경우 헌법은 국가로 하여금 개인의 양심을 보호할 것을 규정하고 있다. 또 헌법은 제39조에서 국민의 의무로서 국방의 의무를 규정하고 있고, 이를 구체화한 병역법 제3조는 대한민국 국민 중 남자에게 병역의무를 부과하고 있다.

또한 병역법은 병역 기피자에 대하여 형사 처벌이라는 제재를 가하고 있다. 이는 국민의 의무인 '국방의 의무'의 이행을 관철하고 강제함으로써 징병제를 근간으로 하는 병역제도하에서 병역 자원의 확보와 병역 부담의 형평을 기하고, 궁극적으로 국가의 안전보장이라는 헌법적 법익을 실현하고자 하는 것이다. 비록 양심의 자유가 개인의 인격 발현과 인간의 존엄성 실현에 있어서 매우 중요한 기본권이기는 하나, 법질서에 대한 복종을 거부할 수 있는 권리는 아니다. 국가 공동체가 감당할 수 있는 범위 내에서 개인의 양심상 갈등 상황을 고려하여 양심을 보호해 줄 것을 국가에 요구하는 권리이자 그에 대응하는 국가의 의무라는 점을 감안한다면, 입법자가 양심의 자유로부터 파생하는 양심 보호 의무를 이행할 것인지와 그 방법에 있어서, 광범위한 형성권을 가진다고 할 것이다. 그러므로 양심적 병역 거부를 인정하지 않는 병역법은 위헌이라고 할 수 없다(헌재 2004.8.26, 2002헌가1).

기타 주요 사건들

기타 사회적 이목을 끈 사건들을 더 들어 보면 다음과 같다. 양심에 반하는 사죄 광고는 위헌이라고 한 결정(헌재 1991.

4.1, 89헌마160), 토지초과이득세 헌법 불합치 결정(헌재 1994.7. 29, 92헌바49등), 영화의 사전 심의는 검열에 해당하여 위헌이라고 한 결정(헌재 1996.10.4, 93헌가13등), 동성동본 금혼을 규정한 민법 제809조 제1항의 동성동본 금혼 규정에 대한 헌법불합치를 선언한 결정(헌재 1997.7.16, 95헌가6등), 과외 금지는 위헌이라는 결정(헌재 2000.4.27, 98헌가16, 98헌마429), 준법서약서(법을 지키겠다는 서약서)는 양심의 자유에 위반하는 것이 아니라는 결정(헌재 2002.4.25, 98헌마425등), 국가유공자의 수가 지나치게 늘어서 국공립학교 채용 시험에서 10% 가산점을 주는 것은 평등권을 침해한다는 결정(헌재 2006.2.23, 2004헌마675 등), 미국산 쇠고기 수입 반대 촛불 시위와 관련하여 제기된 사건에서 야간옥외집회를 금지한 것은 위헌의 소지가 있다는 결정(헌재 2009.9.24, 2008헌가25), 배아는 기본권의 주체가 될 수 없어 배아 연구는 가능하다는 결정(헌재 2010.5.27, 2005헌마346) 등이 있으며, 이밖에도 헤아릴 수 없이 많이 있다.

국가기관에 의해 기본권이 침해되면 어떻게 구제받나?

국가기관에 의해 기본권이 침해되면 어떻게 구제받나? 우선 생각해 볼 수 있는 것은 민·형사소송, 행정소송 등 일반 법원의 재판을 통해 구제받는 것이다. 그러나 권력분립의 결과로 법원이 구제해 주기 어려운 점도 많이 있는데, 그래서 이런 경우 확실한 구제 방법으로 고안된 것이 헌법소원심판이다.

헌법소송의 각 유형과 관련하여 헌법과 헌법재판소법은 위헌법률심판, 탄핵심판, 정당해산심판, 권한쟁의심판 그리고 헌법소원심판의 순으로 규정하였다. 그러나 우리 법질서에서의 중요성을 생각하면 위헌법률심판(규범통제) 다음에 헌법소원심판을 들 수 있으므로 먼저 설명하기로 한다. 그 다음에 탄핵심판, 권한쟁의심판, 정당해산심판의 순서로 설명한다. 해당되는 곳에서 다시 보겠지만 정당해산심판의 경우에는 해당 사례가 전혀 없으며, 탄핵심판의 경우 2004년의 노무현 대통령 탄핵 사건이 한 번 있었을 뿐이다.

헌법소원심판의 의미

지난 헌법까지만 해도 우리 법체계에 헌법소원이란 것이 없었다. 세계적으로도 헌법소원은 일반화된 제도가 아니다. 특히 현행 헌법에서의 헌법소원심판이야말로 극단적으로 얘기해서 '우연히 도입되었다'고 해도 과언이 아니다. 왜냐하면 많이 알려졌거나 적어도 전문가가 많이 있었다고 하기가 어렵기 때문이다. 그래서 헌법에 규정할 때에도 다른 심판들의 경우에는 단순히 그 종류만을 열거했지만, 헌법소원심판만은 '법률이 정하는' 헌법소원심판이라 해서 추후에 법률로 그 내용을 구체화하도록 했던 것이다. 그러나 결과적으로 그것이 우리 헌법재판제도의 활성화에 큰 역할을 하였다는 점이 흥미롭다.

헌법재판소법 제68조 제1항과 제75조 제3항의 규정에 따르면, 헌법소원심판이란 공권력의 행사 또는 불행사로 인하여 헌법상 보장된 기본권이 침해된 경우, 헌법재판소에 심판을 청구하여 그 침해의 원인이 된 공권력의 행사를 취소하거나 그 불행사가 위헌임을 확인받는 법적 권리구제 방법이다. 즉, 헌법소원은 모든 국가 작용이 국민의 기본권에 합치하도록 만들기 위해 국민에게 주어진 특별한 구제 수단이라 할 수 있다.

헌법소원심판은 역사적으로 오스트리아에서 유래하였다. 1867년 오스트리아의 국가기본법(Staatsgrundgesetz) 제3조 b는 헌법에 의하여 국민에게 보장된 정치적 권리가 침해된 경우 제국법원(Reichsgericht)에 소원所願(Beschwerde)을 제기할 수 있다고 규정하였다.

우리의 경우 다른 헌법재판은 국가기관이 소송을 제기해야(심판을 청구해야) 시작되는 데 비해서 헌법소원심판만은 유일하게 국민이 심판을 청구하여 시작되는 헌법재판이다. 그밖에도 헌법소원심판은 다음과 같은 특성들이 있다.

첫째, 헌법소원심판은 탄핵심판과 더불어 개인이 심판의 당사자이므로 변호사 자격이 없으면 스스로 소송을 수행하지 못하고 변호사를 대리인으로 선임해야 한다. 물론 경제력이 없어서 변호인을 스스로 선임하지 못하는 경우 헌법재판소는 국선대리인(국가가 비용을 부담하는 변호사로 형사소송에서의 국선 변호인과 같은 제도)을 선임해 준다.

둘째, 헌법소원심판을 제기하기 위해서는 다른 구제절차를 다 거쳐야만 한다(헌재법 §68①단서). 이를 보충성의 원칙이라 한다. 그런데 헌법소원심판의 청구요건으로 공권력의 행사·불행사로 인하여 기본권을 침해받은 자는 '법원의 재판을 제외하고는' 헌법재판소에 헌법소원심판을 청구할 수 있도록 하고 있다(헌재법 §68①). 그렇다면 대부분의 공권력에 의한 기본권 침해는 권리구제 절차로서 일반 법원에 의한 재판절차가 마련되어 있고, 재판은 헌법소원심판의 대상이 되지 않으므로, 결국 많은 경우 헌법소원심판을 제기할 수 있는 가능성이 없어진다. 이것이 헌법소원심판 사건의 대부분이 검사의 불기소처분 취소 사건인 이유이다. 그러나 불기소처분 취소 사건의 경우 서면심리를 위주로 하는 헌법재판소가 직접 피의자를 불러 신문하는 경찰과 검찰보다 더 정확한 판단을 내릴 수 있을지는 의문이다. 2007년 형사소송법의 개정으로 재정신청제도(검사가 불기소처분한 경우 고등법원에서 당부를 판단받는 것)가 대폭 확대되어 불기소처분 취소 사건이 많이 줄기는 하였다.

이 문제에 관해서는 수많은 논의가 있었는데, 법원의 재판도 헌법소원심판의 대상으로 하는 것이 바람직하다고 생각한다. 법률에 규정되어 있으므로 헌법개정 사항은 아니다. 물론 헌법재판소는 예외적으로 법원의 재판도 헌법소원심판의 대상으로 하고 있다. 즉, 헌법재판소가 위헌의 취지로 결정한 조항을 그대로 적용하여 행한 재판에 대해서는 예외적으로 헌법소원심판을 통하여 통제할 수 있다고 하는 것은 위헌법률심판에서 설명한 대로다.

셋째, 사전심사제도가 있다. 헌법소원심판은 전체 헌법재판 사건의 90%를 차지하고 있어서 심리에 부담이 된다. 그래서 도입한 방법이 재판관 3인으로 구성된 지정재판부에서 요건을 심리해서 요건 미비로 심판을 진행시킬 수 없는 경우 곧바로 심리를 중지하는(이를 각하라 한다) 사전심사제도이다.

요건심사에서는 여러 가지를 판단해야 한다. 우선 청구기간을 준수했는지 판단한다. 헌법소원심판은 그 사유가 있음을 안

날로부터 90일 이내에, 그 사유가 있은 날로부터 1년 이내에 청구하여야 하며, 다른 법률에 의한 구제절차를 거친 헌법소원 심판은 그 최종 결정을 통지받은 날로부터 30일 이내에 청구 하여야 한다(헌재법 §69①). 헌법재판소법 제68조 제2항에 의한 헌법소원심판의 경우 기각 결정을 통지받은 날로부터 30일 이내에 청구하여야 한다(헌재법 §69②).

공권력의 행사·불행사에는 입법·행정 작용이 모두 포함된다. 입법 부작위(법을 만들지 않고 있는 상태)도 포함된다. 사법 작용, 즉 법원의 재판은 예외적으로만 대상이 된다.

헌법소원심판은 공권력의 행사·불행사로 헌법상 보장된 '기본권'을 침해받은 자가 제기하는 것이다. 따라서 헌법소원심판을 현실적으로 청구하려면 자기(관련)성·현재(관련)성·직접(관련)성이 있어야 한다. 다시 말해 헌법소원심판의 청구인 요건을 갖춘 자로서 구체적으로 청구인적격, 즉 법적 관련성을 갖추어야 적법한 헌법소원심판을 청구할 수 있다.

재판의 비용은 국가가 부담하므로 일반 민사재판과 같은 인지첩부는 필요 없다.

헌법소원심판에서 인용認容결정, 즉 청구인의 기본권 침해를 인정하여 원하는 대로 해주려면 9명의 재판관 중에서 6명 이상의 찬성이 있어야 한다. 청구를 인정하지 않는 결정은 기각棄却 결정, 요건이 미비해서 내용심사(본안심사)에 들어가지 않는 결정은 각하却下 결정이라고 한다. 인용 결정이 있게 되면 해당되는 공권력의 행사가 취소된다. 공권력의 불행사의 경우는 결정 취지에 따라 새로운 처분(공권력의 행사)을 할 의무가 부여된다.

국민 모두 관심을 가졌던 헌법소원심판의 사례로는 헌법재판소 초기의 국제그룹 해체 사건(현재 1993.7.29, 89헌마31)을 들 수 있다. 이는 1980년대 전두환 대통령 시절 국제그룹 해체를 위하여 행한 일련의 공권력의 행사가 권력적 사실행위로서 기업 활동의 자유와 평등권을 침해한 것이므로 위헌이라는 결정이 내려진 것으로, 나는 새도 떨어뜨린다던 전두환 대통령의 행위를 공식적으로 부인한 역사적 사건이다. 지면 관계로 자세한 내용은 생략하고 여기서는 신행정수도 이전 사건을 소개한다.

신행정수도 위헌 사건 – 말도 많고 탓도 많은 관습헌법 사건

최근의 대표적 사건이라면 당연히 신행정수도특별법 위헌 결정일 것이다. 다음에 소개할 노무현 대통령 탄핵 사건의 기각 결정과 더불어 헌법재판소의 존재의의를 한껏 발휘하였을 뿐만 아니라 헌법재판의 정치적 성격을 최고로 고조하여 그 역풍으로 헌법재판소 폐지론을 불러일으킨 중대한 사건이다.

우선 사건의 배경과 헌법소원심판의 경과를 살펴보자.

2002년 9월 30일 새천년민주당의 대통령후보 노무현은 선거 공약으로 "수도권 집중 억제와 낙후된 지역 경제를 해결하기 위해 청와대와 정부 부처를 충청권으로 옮기겠다."는 행정수도 이전 계획을 발표하였다. 그 후 2002년 12월 19일 실시된 제16대

대통령선거에서 노무현 후보가 당선되었고, 임기가 시작되자 '신행정수도 건설추진기획단 등의 구성 및 운영에 관한 규정(2003.4.17, 대통령령 제17,967호)'이 제정되고 이에 근거하여 청와대 산하에 신행정수도건설추진기획단이, 건설교통부 산하에 신행정수도건설추진지원단이 각각 발족되어, 이들이 신행정수도 건설에 관한 정책 입안, 후보 지역 조사 등의 업무를 수행하였다.

2003년 10월 정부는 '신행정수도의 건설을 위한 특별조치법안'을 제안하였고, 2003년 12월 29일 국회 본회의는 이 법안을 투표 의원 194인 중 찬성 167인으로 통과시켰다(반대 13인, 기권 14인). 2004년 국회의원 총선거를 불과 수개월 앞둔 시점이어서 야당인 한나라당도 충청권의 유권자를 의식하여 찬성할 수밖에 없었다. 이 법률은 2004년 1월 16일 법률 제7,062호로 공포되었고 3개월 후부터 시행되었다. 2004년 5월 21일 신행정수도건설추진위원회가 발족되었으며, 2004년 7월 21일 이 위원회는 제5차 회의에서 주요 국가기관 중 중앙행정기관 18부 4처 3청(73개 기관)을 신행정수도로 이전하고, 국회 등 헌법기관은 자체적인 이전 요청이 있을 때 국회의 동의를 구하기로 심의·의결하였다. 또한 2004년 8월 11일 제6차 회의에서 '연기-공주 지역'(충청남도 연기군 남면, 금남면, 동면, 공주시 장기면 일원 약 2,160만 평)을 신행정수도 입지로 확정하였다.

그러자 서울특별시 소속 공무원과 서울특별시의회의 의원들을 중심으로 같은 해 7월 12일(2004헌마554)과 7월 15일(2004헌마566)에 각각 헌법재판소에 헌법소원심판을 청구하기에 이르렀다. 이때까지만 해도 이것이 위헌이 될 것이라고 생각한 사람은 별로 없었으나, 결국 위헌 결정이 내려짐으로써 엄청난 파장을 불러왔다. 헌법재판소의 논리는, 성문헌법을 채택하고 있는 우리나라에도 불문헌법으로서의 관습헌법이 존재할 수 있고, 수도에 대한 규정은 헌법에서 규정해야 할 사항인데 너무 당연하여 규정이 없을 뿐이며, 따라서 수도 이전은 헌법적으로 정해야 하는데 법률로 정했으므로 위헌이라는 것이다.

이 결정 이후 사회적으로 수많은 논란이 있었다. '사법쿠데타'라 하기도 하고 '헌재폐지론'도 나왔다. 그러나 그러한 논쟁들은 대개 학문적·이론적 논쟁을 덮어쓴 감정적 대립으로 친親노무현이냐 반反노무현이냐의 표출이었을 뿐으로, 그러한 감정적 논쟁은 나라의 미래에 도움이 안 된다. 수도의 이전과 관련된 문제는 수많은 사람들의 이해관계가 얽혀 있으므로 대다수 국민의 동의를 얻어야 한다. 그러기 위해서는 국민 대다수가 납득할 수 있도록 장기적인 청사진을 마련하여 동의를 구해나가야 한다. 현 대통령 임기 중 결정해야 한다는 조급증은 결국 모든 일을 망치는 지름길이 될 것이다.

이 결정 이후 행정부 일부 기관의 이전을 추진하는 행정복합도시법에 대한 헌법소원심판은 헌법재판소에서 각하 결정(헌재 2005.11.24. 2005헌마579)을 받았다.

헌법재판소의 결정 요지를 살펴보자(신행정수도의건설을위한특별조치법위헌확인 헌재 2004.10.21. 2004헌마554·566). 앞의 다른 사례와 마찬가지로 전문적인 내용이므로 그냥 넘어가도 좋지만,

한번 읽어보는 것도 유익할 것이다. 사회적 파장을 예상하여 아주 상세한 설명(논증)을 하고 있어서 실제 판례집은 75면에 이르는 방대한 내용이다.

① 일반적으로 한 나라의 수도는 국가권력의 핵심적 사항을 수행하는 국가기관들이 집중 소재하여 정치·행정의 중추적 기능을 실현하고 대외적으로 국가를 상징하는 곳을 의미한다. 헌법기관들 중에서 국민의 대표 기관으로서 국민의 정치적 의사를 결정하는 국회와 행정을 통할하며 국가를 대표하는 대통령의 소재지가 어디인가 하는 것은 수도를 결정하는 데 있어서 특히 결정적인 요소가 된다.

② 이 법률에 따르면 신행정수도는 주요 헌법기관과 중앙 행정기관들이 소재하여 국가의 정치·행정의 중추 기능을 가지는 수도가 되어야 한다고 하고 있다. 따라서 이 법률은 비록 이전되는 주요 국가기관의 범위를 개별적으로 확정하고 있지는 아니하지만, 그 이전의 범위는 신행정수도가 국가의 정치·행정의 중추 기능을 담당하기에 충분한 정도가 되어야 함을 요구하고 있다. 그렇다면 이 법률은 국가의 정치·행정의 중추적 기능을 수행하는 국가기관의 소재지로서 헌법상의 수도 개념에 포함되는 국가의 수도를 이전하는 내용을 가지는 것이며, 이 법률에 의한 신행정수도의 이전은 곧 우리나라의 수도의 이전을 의미한다.

③ 우리나라는 성문헌법을 가진 나라로서 기본적으로 우리 헌법전憲法典이 헌법의 법원法源(법의 연원 또는 존재형식)이 된다.

그러나 성문헌법이라고 하여도 그 속에 모든 헌법 사항을 빠짐없이 완전히 규율하는 것은 불가능하고 또한 헌법은 국가의 기본법으로서 간결성과 함축성을 추구하기 때문에 형식적 헌법전에는 기재되지 아니한 사항이라도 이를 불문헌법不文憲法 내지 관습헌법으로 인정할 소지가 있다. 특히 헌법 제정 당시 자명自明하거나 전제前提된 사항 및 보편적 헌법 원리와 같은 것은 반드시 명문의 규정을 두지 아니하는 경우도 있다. 그렇다고 해서 헌법 사항에 관하여 형성되는 관행 내지 관례가 전부 관습헌법이 되는 것은 아니다. 강제력이 있는 헌법 규범으로 인정되려면 엄격한 요건들이 충족되어야만 하고, 이러한 요건이 충족된 관습만이 관습헌법으로서 성문헌법과 동일한 법적 효력을 가진다. 국민에 의하여 정립된 관습헌법은 입법권자를 구속하며 헌법으로서의 효력을 가진다.

④ 관습헌법은 일반적인 헌법 사항(국가조직, 국가기관의 권한, 개인의 국가권력에 대한 지위 등)에 해당하는 내용 중에서도 특히 국가의 기본적이고 핵심적인 사항으로서 법률에 의하여 규율하는 것이 적합하지 아니한 사항을 대상으로 한다.

⑤ 헌법기관의 소재지, 특히 국가를 대표하는 대통령과 민주주의적 통치 원리의 핵심적 역할을 하는 의회의 소재지를 정하는 문제는 국가의 정체성正體性을 표현하는 실질적 헌법 사항의 하나이다. 수도를 설정하는 것 이외에도 국명國名을 정하는 것, 우리말을 국어國語로 하고 우리글을 한글로 하는 것, 영토를 획정하고 국가 주권의 소재를 밝히는 것 등이 국가의 정체성에

관한 기본적 헌법 사항이 된다.

⑥ 서울이 수도인 것은 국가 생활의 오랜 전통과 관습에서 확고하게 형성된 자명한 사실 또는 전제된 사실로서 모든 국민이 우리나라의 국가 구성에 관한 강제력 있는 법규범으로 인식하고 있는 것이다. 이는 조선시대 이래 600여 년간 우리나라의 국가 생활에 관한 당연한 규범적 사실이 되어 왔으므로 전통적으로 형성되어 있는 계속적 관행이라고 평가할 수 있고(계속성), 이러한 관행은 변함없이 오랜 기간 실효적으로 지속되어 중간에 깨어진 일이 없다(항상성). 또한, 서울이 수도라는 사실은 우리나라의 국민이라면 개인적 견해 차이를 보일 수 없는 명확한 내용을 가진 것이고(명료성), 나아가 이러한 관행은 오랜 세월 굳어져 와서 국민들의 승인과 폭넓은 합의를 이미 얻어(국민적 합의) 국민이 실효성과 강제력을 가진다고 믿고 있는 국가 생활의 기본 사항이다. 따라서 서울이 수도라는 점은 우리의 제정헌법이 있기 전부터 전통적으로 존재하여 온 헌법적 관습이고, 우리 헌법 조항에서 명문으로 밝힌 것은 아니지만 자명하고 헌법에 전제된 규범이므로 관습헌법으로 성립된 불문헌법에 해당한다.

⑦ 어느 법규범이 관습헌법으로 인정된다면 개정 가능성을 가지게 된다. 관습헌법도 헌법의 일부로서 성문헌법의 경우와 동일한 효력을 가지기 때문에 그 법규범은 최소한 헌법 제130조에 의거한 헌법개정의 방법에 의하여만 개정될 수 있다. 또한 관습헌법은 그것을 지탱하고 있는 국민적 합의성을 상실함에

의하여 법적 효력을 상실할 수 있다.

⑧ 우리나라와 같은 성문의 경성헌법 체제에서 인정되는 관습헌법 사항은 하위 규범 형식인 법률에 의하여 개정될 수 없다. 우리나라의 수도가 서울인 것은 우리 헌법상 관습헌법으로 정립된 사항이며 여기에는 아무런 사정의 변화도 없다고 할 것이므로 이를 폐지하기 위해서는 반드시 헌법개정의 절차에 의하여야 한다.

⑨ 이 법률은 헌법개정 사항인 수도의 이전을 헌법개정의 절차를 밟지 아니하고 단지 단순 법률의 형태로 실현시킨 것으로서 결국 헌법 제130조에 따라 헌법개정에 있어서 국민이 가지는 참정권적 기본권인 국민투표권을 침해하여 헌법에 위반된다.

이에 대하여 김영일 재판관은, "수도 이전에 관한 의사 결정은 헌법 제72조 국민투표의 대상이다. 대통령의 국민투표부의 행위는 자유재량 행위이지만, 수도 이전에 관한 의사 결정을 국민투표에 붙이지 아니하는 것은 재량권을 일탈·남용한 것으로서 재량권 부여의 근거가 되는 법규범인 헌법 제72조에 위반된다."는 별개 의견(결론은 같으나 논리가 다른 의견)을 제시하였다. 또한 각하해야 한다는 전효숙 재판관의 반대 의견도 있었다.

고위 공직자가 헌법과 법률을 안 지키면 어떻게 될까?

탄핵심판의 의미

국회에서 야당이 여권의 특정인에 대하여 공격할 때, '전가의 보도'처럼 들고 나오는 몇 가지가 있다. '국정조사' '특별검사' '해임 건의 또는 탄핵'이 그것이다. 이렇게 단골 메뉴로 가지고 나오는 탄핵이란 무엇인가? 실제로 쓰는 제도인가?

탄핵심판은 헌법보장(헌법수호)을 위한 헌법재판 제도의 하나이다. 즉, 일반적인 사법절차나 징계절차에 의하여 소추·징계하기 곤란한 집행부의 고위 공무원이나 법관 또는 중앙선거관리위원회 위원과 같이 신분이 보장된 공무원에 의해서 헌법이나 법률 침해 행위가 있을 경우, 이들로부터 헌법을 수호하기 위하여 의회가 소추하고 헌법재판소가 심판하여 공직에서 추방하는, 그럼으로써 그에 대한 법적 책임을 추궁하여 헌법의 규범력을 확보하는 제도를 말한다.

국회의 탄핵소추권은 국회의 여러 통제 기능 중에서 가장 오랜 역사를 가지고 있다. 멀게는 고대 그리스에서 정치적으로 추방해야 할 사람을 조개껍데기에 써서 제출하여 이를 확인하고 추방하는 도편추방법이 있었다고 한다. 근대적 의미로는 14세기 영국 에드워드 3세(1327~1377) 치하에서 기원하였으며, 그 후 미국에 도입된 이래 13건의 탄핵소추와 4건의 탄핵 결정이 있었다. 한 표차로 부결된 존슨 대통령, 워터게이트 사건으로 소추되자 스스로 사임한 닉슨 대통령, 성추문에 휘말려 하원에서 통과되고 상원에서 겨우 부결되었던 클린턴 대통령 사건들을 보면 건수는 많지 않아도 실질적 효과는 매우 컸다는 것을 알 수 있다.

탄핵심판은 징계적 제재(징계 처분)로서의 성질을 가지며 형사재판은 아니다. 탄핵심판의 대상이 되는 공무원의 범위는 헌법 제65조 제1항과 헌법재판소법 제48조에 의하면 대통령, 국무총리, 국무위원, 행정 각부의 장, 헌법재판소 재판관, 법관, 중앙선거관리위원회 위원, 감사원장, 감사 위원, 기타 법률이 정한 공무원이다. 기타 법률이 정한 공무원으로는 검사가 있다(검찰청법 §37). 그 밖에도 장성급 군인이나 지방자치단체장, 또는 국가정보원장 등도 생각해 볼 수는 있으나 입법은 되어 있지 않다.

탄핵의 사유로는 헌법 제65조 제1항이 '그 직무 집행에 있어서 헌법이나 법률을 위반한 때'로 규정하고 있다. '직무 집행'은 자기 소관의 모든 직무와 감독 행위를 말하며, 현직 중의 행위에 국한된다. 물론 탄핵을 회피하기 위하여 자리를 옮긴 경우도 포함한다. 또한 '헌법이나 법률을 위반한 때'에는 단순한 정치적 무능력이나 정책 결정상의 과오는 포함되지 않는다.

탄핵소추의 발의는 국회에서 이루어지는데, 대통령에 대해서는 국회 재적의원의 과반수, 그 밖에는 3분의 1 이상의 발의가 필요하다. 탄핵은 본회의에 보고된 때로부터 24시간 이후 72시간 이내에 무기명 투표로 표결한다. 의결에는 대통령에 대해서는 국회 재적의원 3분의 2 이상, 그 밖의 자에 대해서는 과반수의 찬성이 필요하다.

탄핵소추가 의결되면 헌법재판소의 탄핵심판이 있을 때까지 피소추자는 권한 행사가 정지된다. 대통령 탄핵의 경우 권한대행자가 할 수 있는 직무의 범위에 대해서는 '아무 제한이 없다'는 입장과 '현상 유지에 국한한다'는 입장이 있는데 사실상 제한이 없다고 보아야 한다. 왜냐하면 궐위된 경우(대통령이 죽거나 법적으로 자격이 없어진 경우) 60일 이내에 후임자를 선출해야 하지만(헌법 §68②), 탄핵소추의 경우는 '사고'에 해당하는데 그 사유가 언제 끝날지 알 수 없으며, 예측하지 못한 상황이 발생할 가능성도 있기 때문이다. 또한 새로운 정책을 시행하거나 장관들을 새로 임명하는 등의 적극적 조치를 못한다고 이해하더라도 실제로 이를 판단해서 제재할 수 있는 방법이 법적으로 없기 때문이다. 2004년 노무현 대통령 탄핵 의결 시 이러한 논란이 있었다.

탄핵을 결정하는 기관은 영국과 미국의 경우 상원이, 일본은 탄핵재판소가 되는데, 우리나라는 독일, 이탈리아 등과 같이 헌법재판소가 이를 담당한다.

탄핵심판에서 형사재판에서의 검사와 같은 역할은 소추위원이 하는데, 국회 법제사법위원장이 담당한다. 탄핵심판은 필수적으로 변론辯論을 하게 되며, 변호사강제주의가 채택되어 있어서 변호사가 아닌 사람이 탄핵을 당할 경우 변호사를 선임하여야 한다. 노무현 대통령의 경우 변호사 자격이 있지만 별도로 변호사(대리인)를 선임한 바 있다.

탄핵의 결정에는 헌법재판소 재판관 6인 이상의 찬성이 필요하다. 탄핵이 결정되면 피소추자는 공직에서 파면되며, 5년간 일체의 공무원이 될 수 없다(헌재법 §54②). 그리고 민형사상의 책임은 면제되지 않는다(헌재법 §54①).

노무현 대통령 탄핵 사건 - 대통령도 법을 어기면 물러나야

우리나라에서 탄핵이 실제로 진행된 사례는 적다. 1985년 10월 18일 신민당 소속 국회의원 102명이 당시 대법원장(유태홍)에 대한 탄핵소추결의안을 발의하였으나, 같은 해 10월 21일 재적의원 247명 중 찬성95, 반대146, 기권5, 무효1표로 부결된 바 있다.

그러나 2004년 노무현 대통령에 대한 탄핵은 실제로 의결되어 헌법재판소에서 기각될 때까지 대통령의 권한 행사가 정지된 바 있다. 이 사건이 우리 헌법재판소가 관여한 유일한 탄핵 심판 사건이다. 좀 더 자세히 알아보자.

사건의 경과는 다음과 같다. 2004년 3월 12일 제246회 임시 국회에서 유용태, 홍사덕 의원 외 157명이 발의한 대통령 노무현 탄핵소추안이 상정되었고, 우여곡절 끝에 재적 의원 271명 중 193명이 찬성하여 의결정족수 재적 의원 3분의 2를 넘어 가결되었다. 이에 소추위원인 김기춘 법제사법위원장이 헌법재판소에 소추안을 제출함으로써 탄핵심판이 시작되었다. 헌법재판소가 탄핵 여부를 결정한 2004년 5월 14일까지 노무현 대통령의 권한이 정지되고 고건 국무총리가 대통령의 권한을 대행하였다. 이는 4·19 이후 이승만 대통령을 대행한 허정, 1979년 박정희 대통령 사망 후 그를 대행한 최규하 국무총리 이래 우리 역사상 대통령의 권한 대행이 실제로 이루어진 세 번째 사례로 기록되었다.

탄핵소추 사유로는 국법질서 문란 행위로 언론사 등과의 인터뷰 중 특정 정당을 지지한 행위와 헌법기관을 경시했다는 점을 들고, 권력형 부정부패 연루 혐의, 국정파탄의 책임 등을 적시하였다. 이에 대하여 헌법재판소는 법률 위반은 일부 인정되지만 대통령을 그만두게 할 만큼 중대한 사유라고 할 수 없다고 하여 기각하였다(탄핵 불인정).

탄핵 사건의 정치적 파장은 매우 컸다. 앞서 소개한 신행정수도특별법 위헌 결정에 앞서 헌법재판소의 존재 의의를 한껏 발휘하였다. 심리(평의) 과정에서는 탄핵 의견도 많았던 것으로 알려졌다. 그러나 결정이 나오기 전 국회의원 총선거에서 여당이 압승을 하였고, 국민의 뜻을 확인한 헌법재판소가 탄핵을 기각한 것이 아닌가 추측된다. 이 사건은 헌법재판의 정치적 성격을 단적으로 말해주는 것이었다.

결정 요지를 소개한다. 실제 결정문은 매우 장문으로 재판관들이 정치적 파장을 고려하여 심각하게 고민한 흔적을 읽을 수 있다. 자세한 것은 원문을 보기 바란다.

① 표결 과정에서 적법한 절차를 거치지 않았다는 주장에 대하여, 국가기관이 국민과의 관계에서 공권력을 행사함에 있어서 준수해야 할 법원칙으로서 형성된 적법절차의 원칙을 국가기관에 대하여 헌법을 수호하고자 하는 탄핵소추절차에 직접 적용할 수는 없다.

② 대통령은 행정부 수반으로서 선거에서의 중립 의무를 지는 공직자에 해당한다. 대통령직의 정치적 비중과 영향력을 이용하여 특정 정당을 지지하는 발언을 한 것은 선거에서의 중립 의무를 위반한 것이다. 그러나 후보자의 특정이 이루어지지 않은 상태에서 특정 정당에 대한 지지 발언을 한 것은 선거운동에 해당한다고 볼 수 없다.

③ 대통령이 국민 앞에서 현행법의 정당성과 규범력을 문제삼은 행위는 법치국가의 정신에 반하며 헌법을 수호해야 할 의무를 위반한 것이다.

④ 헌법상 허용되지 않는 재신임 국민투표를 국민들에게 제

안한 것은 헌법 제72조에 반하는 것으로 헌법을 실현하고 수호해야 할 대통령의 의무를 위반한 것이다.

⑤ 썬앤문 및 대선캠프 관련 불법정치자금 수수에 관한 소추 사유는 대통령 취임 전으로 직무집행과 무관하므로 탄핵사유에 해당하지 않는다. 또한 정치적 무능력이나 정책결정상의 잘못 등 직책 수행의 성실성 여부는 탄핵심판에서 판단사유가 되지 않는다.

⑥ 탄핵심판에서 공직에서 파면하는 결정을 선고하기 위해서는 모든 법 위반의 경우가 아니라 파면을 정당화할 정도로 중대하게 법을 위반한 경우여야 한다. 본건의 경우 대통령에게 부여한 국민의 신임을 임기 중 다시 박탈해야 할 정도로 국민의 신임을 저버린 경우에 해당한다고 볼 수 없다.

⑦ 헌법재판소법 제34조 제1항은 평의의 비밀을 규정하고 있어서 이를 결정문에 표기하기 위해서는 특별 규정이 있어야만 하는데 법률 규정이 없으므로 재판관 개개인의 의견을 표시하지 않는다. 표시 여부는 재량이라는 의견도 있었다(헌제 2004.5.14, 2004헌나1).

국가기관들끼리 권한 다툼을 벌일 때는 어떻게 해결하나?

권한쟁의심판의 의미

어떤 일을 어떤 기관이 해야 할지 국가기관 간에 의견이 다르면 어떻게 할까? 그 둘의 상급기관이 결정할 것이다. 그것도 쉽지 않으면 헌법재판소의 판단을 구한다. 그것이 권한쟁의심판으로, 헌법 제111조 제1항 제4호와 헌법재판소법 제61조 이하에서 이를 규정하고 있다. 권한쟁의심판이란 국가기관 상호간, 국가기관과 지방자치단체 상호간 및 지방자치단체 상호간에 헌법과 법률로 정한 권한의 존부 및 범위에 관한 다툼이 발생한 경우 이를 제3의 독립기관인 헌법재판소가 유권적으로 심판함으로써 그 권한 분쟁을 해결하는 제도를 말한다.

권한쟁의심판은 권리를 다투는 주관적 소송과는 달리, 객관적 권한의 존부나 범위를 다투는 것으로 객관적 소송에 해당한다. '권한'은 어떤 일을 할 수 있는 범위를 말하며, 권리와는 달리 포기가 불가능하다는 것이 특징이다.

　한편 행정소송법에는 기관소송이 규정되어 있다. 이론적으로는 서로 다른 법 주체 간의 권한의 획정과 같은 분쟁은 권한쟁의로, 같은 법 주체 내부기관 간의 권한 범위 등에 관한 다툼은 기관소송이라 하지만, 우리 법체계는 국가라는 하나의 법 주체에 속하는 기관 간의 권한 다툼도 헌법재판소의 권한쟁의로 규정하고 있다. 행정소송법에는 헌법재판소의 관할로 되어 있는 기관소송은 법원의 관할로부터 제외된다고 규정하고 있다(행소법 §3iv). 이에 따라 행정소송법상의 기관소송은 지방자치단체장의 재의결 요구에 따라 행한 지방의회의 재의결이 법령에 위반된다고 판단되는 때에 지방자치단체장이 대법원에 제기하는 소송(지방자치법 §107③, §172③)과 교육감이 시·도의회 또는 교육위원회를 상대로 대법원에 제기하는 소송(지방교육자치에 관한 법률 §28③)만 남아있다.

　권한쟁의라는 명칭으로 헌법재판소의 관할 사항으로 편입된 '국가기관 간의 권한쟁의'는 종전에는 사법적으로 해결될 수 없었던 것인데 이를 헌법재판을 통해 해결할 수 있도록 했다는 점에서 큰 의미를 지닌다. 특히 헌법재판소가 헌법재판소법 제62조 제1항이 규정한 '국회, 정부, 법원 및 중앙선거관리위원회 상호간의 권한쟁의'를 열거규정(규정된 것만 해당)이 아닌 예시규정(규정된 것 이외에 성격상 허용되면 적용 가능)으로 이해함으로써 더욱 그런 의미를 갖게 되었다.

이런 의미에서 권한쟁의심판의 기능으로는 다음과 같은 것들을 들어볼 수 있다.

첫째, 국가기능의 원활한 수행과 권력 상호간의 수평적, 수직적인 견제·균형을 통하여 권력분립을 실현한다.

둘째, 국가로부터 독립된 법주체인 지방자치단체로 하여금 행정 위계질서에 있어 상급기관이라 할 수 있는 국가를 상대로 헌법과 법률이 정한 권한의 유지·확보를 위한 소송의 제기를 가능하게 함으로써 지방자치단체의 독립성을 보장하며 지방자치제의 실효성을 확보하는 데 도움이 된다.

셋째, 헌법과 법률이 정한 권한을 둘러싼 분쟁을 헌법재판을 통해 해결함으로써 궁극적으로 헌법 보호에 기여한다.

끝으로, 권한쟁의심판은 소수가 다수의 월권적 행위를 헌법적 원리에 의해 통제할 수 있는 장치라는 점에서 소수보호少數保護에도 기여한다. 특히 우리 헌법재판소는 판례를 통해 권한쟁의심판 청구권자의 범위를 확대하여 의회뿐만 아니라 의회 내의 기관인 개별 국회의원에게도 심판청구권을 부여하고 있는데, 이것은 결과적으로 의회 내의 소수자 보호에도 상당한 기여를 하고 있다.

국회에서의 이른바 "날치기" 사건
– 국회의원과 국회의장의 권한의 경계

권한쟁의심판은 아직 사례가 많지 않지만 앞으로 헌법재판에서의 비중이 더욱 늘어날 것으로 예상된다. 앞서 말한 것처럼 헌법재판소가 헌법과 헌법재판소법 규정에서 그 대상을 예시로 봄으로써 더욱 폭넓게 활용될 것이며, 또한 우리 사회가 더욱 민주화되고 탈권위주의화되면서 빚어지는 기관 간의 갈등 해소에 적합한 심판이기 때문이다.

권한쟁의심판의 대표적인 사건으로 국회에서의 이른바 '날치기 통과'에 대한 권한쟁의를 들어볼 수 있다. '날치기 통과'는 최근까지도 우리 국회에서 쉽게 볼 수 있던 것이다. 처음 이것이 헌법재판소에서 문제가 된 것은 1990년 제기된 권한쟁의심판 사건이었다. 이 사건에서 헌법재판소는 국회 내의 일부 기관인 국회의원 또는 국회 교섭단체는 국회 내의 다른 기관인 국회의장을 상대로 권한쟁의를 제기할 수 없는 것이라며 각하하였다(헌재 1995.2.23, 90헌라1).

그러나 1996년의 이른바 노동관계법 변칙 처리를 둘러싼 국회의원과 국회의장 간의 권한쟁의심판 사건에서 헌법재판소는 기존의 판례를 변경하고 헌법재판소법이 열거하지 않고 있는 기관들에 대해서도 당사자 능력을 인정하고 있다.

이 사건의 경과는 다음과 같다. 1996년 당시 여당인 신한국당은 노동관계법(국가안전기획부법, 노동조합 및 노동관계조정법, 근로 기준법, 노동위원회법, 노사협의회법) 개정안을 야당의 반대 속에 국회 본회의에서 통과시키려고 하였으나 야당의원들이 물리력을 동원하여 이를 저지하자, 새벽에 회의를 열기로 하고 이를 여당 의원들에게만 연락하였다. 그리고 국회부의장(오세응)은 1996년 12월 26일 06:00경 신한국당 소속 국회의원 155인이 출석한 가운데 제182회 임시회 제1차 본회의를 열어 이 개정안들을 상정, 가결되었음을 선포하였다.

이에 야당인 새정치국민회의 및 자유민주연합 소속 국회의 원들은 1996년 12월 30일 국회의장이 야당 국회의원인 청구 인들에게 변경된 개의 시간을 통지하지도 않은 채 비공개로 본 회의를 개의하는 등 헌법 및 국회법이 정한 절차를 위반하여 법률안을 가결시킴으로써 국회의원들인 자신들의 법률안 심의 ·표결권을 침해하였다고 주장하면서, 그 권한 침해의 확인과 가결 선포 행위에 대한 위헌 확인을 구하는 권한쟁의심판을 청 구하였다.

이에 대하여 헌법재판소는 다음과 같이 설명한다. 즉, 헌법은 "국가기관 상호간, 국가기관과 지방자치단체 및 지방자치단체 상 호간의 권한쟁의에 관한 심판"이라고만 규정하고 있을 뿐 권한 쟁의심판의 당사자가 될 수 있는 국가기관의 종류나 범위에 관 하여 아무런 규정을 두지 않고 있을 뿐만 아니라, 이에 관하여 법률로 정하도록 위임하고 있지 않으므로, 결국 이 문제는 '헌법 해석'을 통하여 확정되어야 한다. 그런데 국가기관 상호간에 발 생할 수 있는 권한의 존부와 범위를 둘러싼 분쟁은 자체적으로 조정·해결될 수 없는 한 제3의 국가기관에 의해 해결될 수밖에 없고, 이를 위한 제도로서 권한쟁의심판과 기관소송이 마련되어 있다. 그런데 헌법 제111조 제1항 제4호의 국가기관에 해당하는지 아닌지를 판별하기 위한 기준으로서 당해 국가기관이 ①헌법에 의해 설치될 것, ②헌법과 법률에 의하여 독자적인 권한을 부여받고 있을 것, ③헌법에 의하여 설치된 국가기관 간의 권한쟁의를 해결할 수 있는 적당한 기관이나 방법이 존재하지 않을 것 등의 요건이 충족되어야 한다. 국회의원의 경우 헌법 제41조, 국회의장의 경우 헌법 제48조에 의거한 헌법상의 국가기관으로서 당사자 능력을 인정할 수 있다(헌재 1997.7.16, 96헌라2).

이 결정은 그 밖의 경우에도 당사자 능력이 인정될 수 있는 가능성을 열어두는 것이어서 매우 중요한 권한쟁의심판의 사례라 할 수 있다. 결국 헌법재판소는 기존의 입장을 변경하여 이러한 변칙 처리가 위헌임을 확인하였으나, 그 결과로 통과된 법률들의 효력은 법적 안정성을 고려하여 그대로 인정하였다. 2009년 7월 22일에 있었던 이른바 언론관계법 날치기 사건에서도 동일한 취지로 국회의장이 국회의원들의 심의·표결권을 침해한 것으로 인용결정하였으나 통과된 법률들을 무효화하지는 않았다(헌재 2009.10.29, 2009헌라8).

그 밖에도 서울시의 자치 사무를 감사 대상으로 하면서 이를 특정하지 않은 채 개시된 정부합동 감사가 서울시의 자치권을 침해한다고 한 결정(헌재 2009.5.28, 2006헌라6) 등 사회적 파장이 큰 사건들이 많이 나오고 있다.

자유민주주의를 부인하는 정당은 어떻게 할까?

정당해산심판의 의미

우리나라에서도 공산당 활동을 할 수 있을까? 공산주의 기피증(Red Complex)에서 벗어나고 있으므로 가능한 것인가? 그러나 아직은 국가보안법이 유지되고 있으니 가능하다고 말하기도 어렵다. 만약 노골적인 공산주의자가 있다면 어떻게 처리될까? 개인적으로 처벌되는 외에 우리는 위헌정당해산제도를 가지고 있다. 이에 대하여 알아보자.

위헌정당해산제도는 민주주의의 이름으로 민주주의를 부정하고 이를 파괴하고자 하는 정당을 강제로 해산시킴으로써 헌법을 보호하고 민주주의를 수호하는 제도이다. 이는 이른바 방어적 민주주의(streitbare demokratie)의 산물이며, 자유의 적에 대해서는 자유를 허용할 수 없다는 논리에 기초하고 있다. 우리 헌법 제8조 제4항도 "정당의 목적이나 활동이 민주적 기본질서에 위배될 때에는 정부가 헌법재판소에 그 해산을 제소할 수 있고, 정당은 헌법재판소의 결정에 의해 해산된다."라고 규정하였다. 이는 우리 헌법상의 민주주의가 가치중립적·가치맹목적 민주주의가 아니라 가치기속적(어떤 가치에 구속되는) 민주주의라는 것을 말해주고 있으며, 민주주의의 이념인 상대주의가 다시 상대화되는, 이른바 상대적 상대주의에 입각하고 있음을 보여주고 있다.

위헌정당해산제도는 반민주적 정당을 정치 영역으로부터 배제한다는 일차적 목적을 지니지만, 동시에 정당은 헌법재판소의 결정에 의하지 않고는 해산될 수 없다는 의미도 가진다. 즉, 일반 결사에 비해 정당의 존립을 보다 강력하게 보호한다는 점에서 '정당의 특권'이라고 불리기도 한다. 특히 우리나라의 경우 1958년 행정청의 직권으로 진보당이 해산된 이후에 1960년 헌법에서 헌법재판소의 심판에 의한 위헌정당해산제도가 처음으로 도입되었다는 역사적 배경에 비추어 볼 때 '정당의 특권'으로서의 의의가 보다 강조된다.

정당해산은 정당의 '목적이나 활동이 민주적 기본질서에 위배'되어야 한다는 실체적 요건과 '정부의 제소에 따른 헌법재판소의 해산 결정'이라는 절차적 요건을 갖추어야 한다.

여기서 민주적 기본질서는 '자유'민주적 기본질서에 국한되는 것으로 '사회'민주적 기본 질서는 배제하여 해석하는 것이 일반적이다. 우리 헌법재판소 역시 동일한 태도를 취하고 있는데, 독일 연방헌법재판소가 독일 기본법 제21조 제2항의 '자유민주적 기본질서'의 해석을 통해 내린 정의를 이어받아 민주주의란 "모든 폭력적 지배와 자의적 지배, 즉 반국가단체의 1인 독재 내지 1당 독재를 배제하고, 다수의 의사에 의한 국민의 자치, 자유·평등의 기본 원칙에 의한 법치국가적 통치 질서를 말하며, 구체적으로는 기본적 인권의 존중, 권력분립, 의회제도, 복수정당제도, 선거제도, 사유재산과 시장경제를 골간으로 한 경제질서 및 사법권의 독립 등 우리의 내부체제"를 의미한다고 한다(헌재 1990.4.2, 89헌가113).

정당의 목적은 정당의 공식적인 강령(기본 정책)이나 당헌의 내용, 대표 및 간부의 연설 내용, 당 기관지나 출판물, 선전 자료를 통해 확인할 수 있는 목적 등을 종합적으로 고려하여 결정하게 된다. 정당의 활동은 정당 명의의 활동이나 그 구성원의 당명에 따른 활동을 지칭한다.

정당의 목적이나 활동이 민주적 기본질서에 위배되면 정부는 국무회의의 심의를 거쳐(헌법 §89 14호), 헌법재판소에 정당의 해산을 제소할 수 있다(헌법 §8④, 헌재법 §55). 제소권자를 정부로 한 것은 남소濫訴를 방지하며, 정부가 자유민주적 기본질서 수호의 일차적 책임자라는 점에서 타당하다. "정부는…… 제소할 수 있고"라고 규정하였으므로 제소 여부와 그 시기 결정은 원칙적으로 정부의 재량이다. 다만 정당의 목적이나 활동이 명백히 민주적 기본질서에 위배되고, 그로 인해 초래된 위험성을 극복하기 위해 정당의 해산 조치가 필수적으로 요구된다고 판단한 경우에는 반드시 제소하여야 한다.

정부가 제소하면 헌법재판소가 위헌 여부와 해산 여부를 결정한다(헌법 §113①, 헌재법 §23). 종국결정에 앞서 헌법재판소는 청구인의 신청이나 직권으로 피청구인의 활동을 정지하는 가처분결정을 할 수 있다(이하 헌재법과 정당법 규정).

정당해산심판의 심리는 구두 변론에 의한다. 이때 정부가 청구인이 되고, 제소된 정당이 피청구인이 된다. 재판부가 변론을 열 때에는 변론 기일을 정하고 당사자와 관계인을 소환하여야 한다. 당사자의 신청 또는 직권으로 증거 조사를 할 수 있고, 다른 국가기관 등에 대해 사실 조회·기록 송부 및 자료 제출을 요구할 수 있다. 정당해산심판의 청구가 있었음을 송달받은 정당은 답변서를 제출할 수 있다.

정당해산 결정은 재판관 7인 이상 출석과 6인 이상의 찬성으로 한다. 이 경우 일사부재리의 원칙이 적용된다. 즉, 정당의 위헌성을 부인하는 결정이 내려지면 동일 정당에 대하여 동일한 사유로 다시 제소할 수 없다.

헌법재판소가 정당의 해산을 명하는 결정을 한 때에는 그 결정서를 피청구인(정당의 대표자) 외에 정부, 국회와 중앙선거관리위원회에 송달하여야 하며, 중앙선거관리위원회는 정당법에 따라 헌법재판소의 결정을 집행한다. 이에 따라 정당의 등록이 말소되고, 이 사항이 공고된다. 정당의 잔여재산은 국고에 귀속

되는데, 이것은 해산된 정당의 물적 기반을 박탈하여 정당해산의 실효성을 높이기 위한 것이다. 또한 대체정당이 금지되며, 헌법재판소의 결정에 의하여 해산된 정당의 명칭은 다른 정당의 명칭으로 다시 사용하지 못한다.

정당이 해산된 경우 소속 국회의원의 의원직 상실 여부가 문제되지만 현행법은 이에 대한 명문의 규정을 두고 있지 않다. 이 문제는 독일의 경우처럼 입법적으로 해결되어야 할 것이지만, 명문 규정이 없는 현재의 상황에서도 위헌정당해산제도의 실효성을 고려할 때 의원직은 상실된다고 보아야 한다.

진보당사건 – 북한과 같은 주장을 하면 안 되나?

위헌정당해산제도는 방어적 민주주의의 상징적 제도이지만 다음과 같은 문제점이 있다. 대상이 된 정당이 세력이 약하면, 다시 말해서 국민들의 지지를 받지 못하면 굳이 해산할 필요가 없으며, 만약 지지하는 국민이 많아서 그 정당의 세력이 강하다면 해산하는 것이 현실적으로 어렵다. 세력이 큰 정당에 대한 해산을 시도하는 경우 정치적 탄압 내지는 정치적 투쟁으로 비화되고, 설사 강제로 해산한다 해도 그 정당을 지지하는 많은 국민들을 어떻게 할 것인가? 독일에서도 1952년 사회주의국가당(SRP, 일명 신나치당)과 1956년 독일공산당(KPD)이 연방헌법재판소의 결정에 의해 해산한 사례가 있으나 그 이후에는 실제 사례가 없다.

우리나라의 경우 제1공화국 당시 진보당사건이 있을 뿐이지만 당시는 위헌정당해산심판이 없었다. 진보당은 1958년 2월 25일 당시의 공보실에 의해 등록이 취소되어 행정청 직권으로 해산되었으나, 그 이후 대법원은 진보당의 강령 및 정책 자체는 합헌(대판 1959.2.27, 4291형상559)이라 판시하였다. 대법원은 이 판결에서 진보당의 강령·정책(혁신정치의 실현, 수탈 없는 경제체제의 확립, 평화통일의 실현 등)은 헌법의 전문, 제5조(자유·평등, 창의의 존중과 공공복리 향상에 대한 국가 의무), 제8조(평등), 제18조(노동3권), 제84조(경제질서)의 각 규정에 비추어 볼 때 위헌이라 할 수 없고, 평화통일에 관한 주장 역시 헌법 제13조의 언론 자유의 한계를 이탈하지 않았기에 위헌이라 할 수 없다고 판시하였다. 그러나 총재였던 조봉암에 대한 간첩죄는 인정되어 그는 사형되었다.

평화통일이나 남녀평등 같은 주장을 하였다 하여 이른바 '빨갱이'로 몰렸다는 것은 현재의 시각에서 보면 아이러니가 아닐 수 없다. "빨갱이가 되라"고 해석이 가능한 "Be the Reds"라는 문구가 새겨진 붉은 셔츠가 2002년에 이어 2010년 월드컵에서도 유행하지 않았던가? 아마도 진보당이 정치적으로 커가는 데 대한 정치 보복의 성격이 크지 않았나 생각되며, 따라서 앞서 설명한 위헌정당해산제도의 실효성과도 관련되는 사건이다. 사형당한 조봉암에 대하여 억울한 누명을 풀어주자는 움직임이 1990년대에 있었다.

진정한 민주주의와 법치국가를 위하여

언젠가 개헌이 된다면

　전통을 무시하는 우리의 전통 때문에 우리는 많은 것을 잃었다. 쉰 번 이상의 헌법개정을 한 독일, 아홉 번의 헌법개정을 한 우리나라! 독일의 경우 부분개정의 방법으로 필요한 규정을 그때그때 심도 있는 논의를 통하여 축적하였다. 반면에 우리는 제5, 7, 8, 9차 개헌 등 대부분 전면개정의 방법으로 하였고, 집권의 연장이나 집권의 편의에 맞추어 정치권에서 논의가 진행되었기 때문에, 국민의 입장에서 실질적으로 발전되었다고 생각되는 부분이 많지 않다. 정치인의 시각에서는 사소할지 모르나 국민의 입장에서는 중요한 문구들이 그대로 많이 남아 있다. 예컨대 기본권의 주체는 '모든 국민'으로 되어 있다. 그러나 모든 국민만이 기본권의 주체는 아니며 외국인을 포함하는 경우도 많다. 자연인뿐 아니라 법인도 기본권의 주체가 되는 경우도 많지만 모든 경우는 아니다. 이러한 문제들은 헌법 조문에 나타나 있지 않다.

헌법재판소와 관련해서 보자. 헌법재판소가 신행정수도이전 특별법에 대하여 위헌 결정을 하자 일부 정치권에서는 헌재무용론 내지는 헌재폐지론을 들고 나왔다. 전문가 입장에서 보면 정말 무식하거나 무식한 척하는 '정치쇼'라고밖에 할 말이 없다. 이제는 헌법재판소가 우리나라 법질서에서 자리 잡은 지도 오래되었다. 정치권뿐 아니라 국민들도 헌법재판소의 판단에 의하여 첨예한 문제가 정리되는 것을 잘 알고 있으며, 그걸 당연하게 받아들이고 있다. 게다가 헌재무용론을 주장하는 사람들이 노무현 대통령 탄핵사건에서 탄핵이 기각되자 헌법재판소를 찬양해 마지않던 사람들이기 때문에 더욱더 말이 안 되는 주장이다.

혹시 개헌이 된다면 헌법재판소 문제를 좀 더 비중 있게 규정해야 할 것이다. 1987년 현행 헌법개정 당시만 해도 헌법재판소가 이렇게 활성화되리라고는 아무도 예측하지 못했고, 따라서 규정도 단 세 개 조문을 개략적으로 넣었던 것이다. 그러므로 언젠가 개헌이 된다면 다음과 같은 것들에 대하여 심도 있는 논의를 거쳐 이를 헌법에 반영해야 할 것이다. 앞에서 대부분 나왔지만 몇 가지를 골라 정리해 보자.

첫째, 헌법재판관의 임명 문제에서 국회의 의견을 더 반영할 수 있도록 규정하면 좋을 것이다. 대법원장 몫을 없애거나 줄이는 방안, 또는 독일처럼 9인 모두 시차를 두고 국회에서 선출하는 방안, 그리고 이미 법률 차원에서 시도되고 있지만 재판관 모두에게 인사 청문회를 실시하는 방안이 바람직하다.

둘째, 재판관의 수가 늘어나야 할 필요가 있다. 이제까지의 추세가 그렇고 앞으로도 헌법재판소에서 다루어야 할 사건은 지속적으로 늘 것이라 예상되므로 재판관의 수가 늘어야 한다. 이에 관해서는 독일이 8인씩 2개의 합의부를 두는 것이 참고가 될 것이다. 또한 연임을 제한하고 대신 임기를 늘리는 방식이 바람직하다. 이는 외부, 특히 정치적 압력을 피하기 위해서이다. 또한 3분의 1 정도씩 부분적으로 바뀌도록 조정할 필요가 있겠다. 그래야 갑자기 많은 재판관이 바뀌고 이에 따라 헌법재판소의 경향이 갑자기 바뀌는 혼란을 막을 수 있을 것이다.

셋째, 정족수 문제도 합리적으로 조정하면 좋겠다. 현재 규정으로는 과반수가 위헌이라고 생각해도 위헌 결정을 못한다. 즉, 5인이 위헌이라 하고 4인이 합헌이라 할 때 합헌 결정을 할 수밖에 없다. 위헌 결정에 6인 이상의 찬성이 필요하기 때문이다. 독일의 경우 하나의 합의부에 8인이 정원이므로 5대 3이면 아무 문제가 없으며, 4대 4인 경우 현상 유지를 하게 된다. 우리가 참고할 만하다.

넷째, (이는 법률의 개정만으로 가능하지만) 재판에 대하여 헌법소원심판이 가능하면 좋겠다. 이 논의의 초점은 "대법원이 확정한

판결에 대하여 헌법재판소가 이를 변경할 수 있으면 결국 헌법
재판소가 대법원보다 상위기관이 되는 것 아니냐" 하는 아주
저급한 논의와 연결되어 있다. 그러나 헌법재판소는 헌법심을
하기 때문에 그 한도 내에서 판단하는 것이고 나머지 사실심
과 법률심에 대해서는 대법원이 최종 판단을 할 수밖에 없다.
물론 상호 유기적으로 연결되어 있다 해도 그것을 역할분담으
로 보아야지, 기관의 상하를 따지는 것은 국민의 입장에서 무
익한 논쟁일 뿐이다. 판결에 대한 헌법소원심판이 가능해진다
해도 헌법재판소는 대부분의 판결에 대해서는 대법원을 존중
할 것이다. 헌법재판소의 인적 구성원의 한계로 많은 사건에 개
입할 수는 없기 때문이다.

민주주의와 법치국가, 그리고 정치

　지금 우리나라가 겪고 있는 모든 문제는, 지금 이 땅에 사는
모든 사람들의 몫이다. 헌법재판제도가 우리나라를 진정한 민
주주의국가, 진정한 법치국가로 이끌어주길 바란다. 그래서 집
권자 또는 집권층에 의해서가 아니라 법에 표현된 온 국민의
의사에 따라서 안정되게 국가가 운영되는, 그래서 이 땅의 모든
사람이 행복을 느끼고 대한민국을 사랑하게 되기를 간절히 고
대한다.

헌법재판 이야기

| 펴낸날 | 초 판 1쇄 2006년 5월 31일 |
| | 개정판 2쇄 2012년 12월 20일 |

지은이	**오호택**
펴낸이	**심만수**
펴낸곳	**(주)살림출판사**
출판등록	1989년 11월 1일 제9-210호

경기도 파주시 문발동 522-1
전화 031)955-1350   팩스 031)955-1355
기획 · 편집 031)955-4662
http://www.sallimbooks.com
book@sallimbooks.com

ISBN   978-89-522-0520-9   04080